LE

JUIF ERRANT

PAR

M. EUGÈNE SÜE

Tome Cinquième

PARIS

PAULIN, ÉDITEUR

RUE RICHELIEU, 60

1845

CHAPITRE XII.

L'INCONNU.

La scène suivante se passait le lendemain du jour où le P. d'Aigrigny avait été si rudement rejeté par Rodin dans la position subalterne, naguère occupée par le *socius*.

. . . .

La rue *Clovis* est, on le sait, un des endroits les plus solitaires du quartier de la Montagne-Sainte-Geneviève; à l'époque de ce récit, la maison portant le n° 4, dans cette rue, se composait d'un corps de logis principal, traversé par une allée obscure qui conduisait à une petite cour sombre, au fond de laquelle s'élevait un second bâtiment singulièrement misérable et dégradé.

V.   17

Le rez-de-chaussée de la façade formait
une boutique demi-souterraine, où l'on ven-
dait du charbon, du bois en falourdes, quelques légumes et du lait.

Neuf heures du matin sonnaient; la mar-
chande, nommée la mère Arsène, vieille
femme d'une figure douce et maladive, portant une robe de futaine brune et un fichu
de rouennerie rouge sur la tête, était montée
sur la dernière marche de l'escalier qui conduisait à son antre, et finissait son *étalage*,
c'est-à-dire que d'un côté de sa porte elle
plaçait un seau à lait en fer-blanc, et de
l'autre quelques bottes de légumes flétris,
accostés de têtes de choux jaunâtres; au bas
de l'escalier, dans la pénombre de cette cave,
on voyait luire les reflets de la braise ardente
d'un petit fourneau.

Cette boutique, située tout auprès de l'allée, servait de loge de portier, et la fruitière
servait de portière.

Bientôt, une gentille petite créature, sortant de la maison, entra, légère et frétillante,
chez la mère Arsène.

Cette jeune fille était Rose-Pompon, l'amie

intime de la reine Bacchanal, Rose-Pompon,
momentanément *veuve*, et dont le bachique,
mais respectueux sigisbé, était, on le sait,
Nini-Moulin, ce *chicard* orthodoxe qui, le cas
échéant, se transfigurait, après boire, en
Jacques Dumoulin l'écrivain religieux, pas-
sant ainsi allègrement de la danse échevelée
à la polémique ultramontaine, de *la Tulipe
Orageuse* à un pamphlet catholique.

Rose-Pompon venait de quitter son lit,
ainsi qu'il apparaissait au négligé de sa toi-
lette matinale et bizarre; sans doute à défaut
d'autre coiffure, elle portait crânement sur
ses charmants cheveux blonds, bien lissés et
peignés, un bonnet de police emprunté à
son costume de coquet débardeur; rien n'é-
tait plus espiègle que cette mine de dix-sept
ans, rose, fraîche, potelée, brillamment ani-
mée par deux yeux bleus, gais et pétillants.
Rose – Pompon s'enveloppait si étroitement
depuis le cou jusqu'aux pieds dans son manteau écossais à carreaux rouges et verts un
peu fané, que l'on devinait une pudibonde
préoccupation; ses pieds nus, si blancs que
l'on ne savait si elle avait ou non des bas,

17.

étaient chaussés de petits souliers de maroquin rouge à boucle argentée... Il était facile de s'apercevoir que son manteau cachait un objet qu'elle tenait à la main.

— Bonjour, mademoiselle Rose-Pompon — dit la mère Arsène d'un air avenant — vous êtes matinale aujourd'hui, vous n'avez donc pas dansé hier?

— Ne m'en parlez pas, mère Arsène, je n'avais guère le cœur à la danse ; cette pauvre Céphyse (la reine Bacchanal, sœur de la Mayeux) a pleuré toute la nuit, elle ne peut pas se consoler de ce que son amant est en prison !

— Tenez — dit la fruitière — tenez, mademoiselle, faut que je vous dise une chose à propos de votre amie Céphyse. Ça ne vous fâchera pas?

— Est-ce que je me fâche, moi?... — dit Rose-Pompon en haussant les épaules.

— Croyez-vous que M. Philémon, à son retour, ne me grondera pas?

— Vous gronder! Pourquoi?

— A cause de son logement, que vous occupez...

— Ah çà, mère Arsène, est-ce que Philémon ne vous a pas dit qu'en son absence je serais maîtresse de ses deux chambres comme je l'étais de lui-même?

— Ce n'est pas pour vous que je parle, mademoiselle, mais pour votre amie Céphyse, que vous avez aussi amenée dans le logement de M. Philémon.

— Et où serait-elle allée sans moi, ma bonne mère Arsène? Depuis que son amant a été arrêté, elle n'a pas osé retourner chez elle parce qu'ils y devaient toutes sortes de termes. Voyant sa peine, je lui ai dit : Viens toujours loger chez Philémon. A son retour, nous verrons à te caser autrement.

— Dame! mademoiselle, si vous m'assurez que M. Philémon ne sera pas faché... à la bonne heure.

— Fâché, et de quoi! qu'on lui abîme son ménage? Il est si gentil, son ménage! Hier, j'ai cassé la dernière tasse... et voilà dans quelle drôle de chose je suis réduite à venir chercher du lait.

Et Rose-Pompon, riant aux éclats, sortit son joli petit bras blanc de son manteau et fit voir à la mère Arsène un de ces verres à vin de Champagne de capacité colossale, qui tiennent une bouteille environ.

— Ah! mon Dieu! — dit la fruitière ébahie — on dirait une trompette de cristal?

— C'est le verre de grande tenue de Philémon, dont on l'a décoré quand il a été reçu *canotier - flambard* — dit gravement Rose-Pompon.

— Et dire qu'il va falloir vous mettre votre lait là-dedans, ça me rend toute honteuse — dit la mère Arsène.

— Et moi donc.... si je rencontrais quelqu'un dans l'escalier... en tenant ce verre à la main comme un cierge... Je rirais trop... je casserais la dernière pièce du bazar à Philémon et il me donnerait sa malédiction.

— Il n'y a pas de danger que vous rencontriez quelqu'un; le premier est déjà sorti, et le second ne se lève que très-tard.

— A propos de locataire — dit Rose-Pompon — est-ce qu'il n'y a pas à louer une chambre au second, dans le fond de la cour? Je pense à ça pour Céphyse, une fois que Philémon sera de retour.

—Oui, il y a un mauvais petit cabinet sous le toit... au-dessus des deux pièces du vieux bonhomme qui est si mystérieux — dit la mère Arsène.

— Ah! oui, le père Charlemagne... vous n'en savez pas davantage sur son compte?

— Mon Dieu non, mademoiselle, si ce n'est qu'il est venu ce matin, au point du jour; il a cogné aux contrevents.—Avez-vous reçu hier une lettre pour moi, ma chère dame? m'a-t-il dit (il est toujours si poli, ce brave homme). — Non, monsieur, que je lui ai répondu. — Bien! bien! alors ne vous dérangez pas, ma chère dame, je repasserai— et il est reparti.

— Il ne couche donc jamais dans la maison?

— Jamais. Probablement qu'il loge autre part, car il ne vient passer ici que quelques heures dans la journée tous les quatre ou cinq jours.

— Et il y vient seul?

— Toujours seul.

—Vous en êtes sûre? il ne ferait pas entrer par hasard de petite femme en minon-

minette? car alors Philémon vous donnerait
congé — dit Rose-Pompon d'un air plaisam-
ment pudibond.

— M. Charlemagne!!! une femme, chez
lui? Ah! le pauvre cher homme — dit la
fruitière en levant les mains au ciel — si vous
le voyiez, avec son chapeau crasseux, sa vieille
redingote, son parapluie rapiécé et son air
bonasse, il a plutôt l'air d'un saint que d'autre chose.

— Mais alors, mère Arsène, qu'est-ce qu'il
peut venir faire ainsi tout seul pendant des
heures dans ce taudis du fond de la cour,
où on voit à peine clair en plein midi ?

— C'est ce que je me demande, mademoiselle; qu'est-ce qu'il y peut faire? car pour venir
s'amuser à être dans ses meubles, c'est pas
possible : il y a en tout chez lui : un lit de
sangle, une table, un poêle, une chaise et une
vieille malle.

— C'est dans les prix de l'établissement de
Philémon — dit Rose-Pompon.

— Eh bien! malgré ça, mademoiselle, il a
autant de peur qu'on entre chez lui que si

l'on était des voleurs, et qu'il aurait des
meubles en or massif; il a fait mettre à ses
frais une serrure de sûreté; il ne me laisse jamais sa clef; enfin il allume son feu lui-même
dans son poêle plutôt que de laisser entrer
quelqu'un chez lui.

— Et vous dites qu'il est vieux?

— Oui, mademoiselle, dans les cinquante
à soixante.

— Et laid?

— Figurez-vous comme deux petits yeux
de vipère percés avec une vrille, dans une figure toute blême, comme celle d'un mort...
si blême enfin, que les lèvres sont blanches:
voilà pour son visage. Quant à son caractère,
le vieux brave homme est si poli, il vous ôte
si souvent son chapeau en vous faisant un
grand salut, que c'en est embarrassant.

— Mais j'en reviens toujours là — reprit
Rose Pompon — qu'est-ce qu'il peut faire
tout seul dans ces deux chambres? Après
ça..., si Céphyse prend le cabinet au-dessus,
quand Philémon sera revenu, nous pour-
rons nous amuser à en savoir quelque chose...
Et combien veut-on louer ce cabinet?

— Dame... mademoiselle, il est en si mauvais état, que le propriétaire le laisserait, je crois bien, pour 5o à 55 francs par an, car il n'y a guère moyen d'y mettre de poêle, et il est seulement éclairé par une petite lucarne en tabatière.

— Pauvre Céphyse! — dit Rose-Pompon en soupirant et en secouant tristement la tête; — après s'être tant amusée, après avoir tant dépensé d'argent avec Jacques Rennepont, habiter là et se remettre à vivre de son travail!... Faut-il qu'elle ait du courage!...

— Le fait est qu'il y a loin de ce cabinet à la voiture à quatre chevaux où mademoiselle Céphyse est venue vous chercher l'autre jour, avec tous ces beaux masques, qui étaient si gais... surtout ce gros en casque de papier d'argent avec un plumeau et en bottes à revers... Quel réjoui!

— Oui, Nini-Moulin, il n'y a pas son pareil pour danser le *fruit défendu*... Il fallait le voir en vis-à-vis avec Céphyse... la reine Bacchanal... Pauvre rieuse... pauvre tapageuse!... Si elle fait du bruit maintenant, c'est en pleurant...

— Ah!... les jeunesses... les jeunesses!...
— dit la fruitière.

— Écoutez donc, mère Arsène, vous avez
été jeune aussi... vous...

— Ma foi, c'est tout au plus! et à vrai dire,
je me suis toujours vue à peu près comme
vous me voyez.

— Et les amoureux, mère Arsène?

— Les amoureux, ah bien oui! d'abord
j'étais laide et puis j'étais trop bien préservée.

— Votre mère vous surveillait donc beaucoup?

— Non, mademoiselle... mais j'étais attelée...

— Comment, attelée? — s'écria Rose-Pompon ébahie, en interrompant la fruitière.

— Oui, mademoiselle, attelée à un ton-
neau de porteur d'eau avec mon frère. Aussi,
voyez-vous, quand nous avions tiré comme
deux vrais chevaux pendant huit ou dix heures par jour, je n'avais guère le cœur de penser aux gaudrioles.

— Pauvre mère Arsène, quel rude mé-
tier! — dit Rose-Pompon avec intérêt.

— L'hiver surtout, dans les gelées... c'était le plus dur... moi et mon frère nous étions obligés de nous faire clouter à glace, à cause du verglas.

— Et une femme encore... faire ce métier-là!... ça fend le cœur... et on défend d'atteler des chiens!... (1) — ajouta très-sensément Rose-Pompon.

— Dame! c'est vrai — reprit la mère Arsène — les animaux sont quelquefois plus heureux que les personnes; mais que voulez-vous? il faut vivre... Où la bête est attachée, faut qu'elle broute... mais c'était dur... J'ai gagné à cela une maladie de poumons, ce n'est pas ma faute! Cette espèce de bricole, dont j'étais attelée... en tirant, voyez-vous, ça me pressait tant et tant la poitrine que je ne pouvais pas respirer;... aussi j'ai abandonné l'attelage et j'ai pris une boutique. C'est pour vous dire que si j'avais eu des occasions et de la gentillesse j'aurais peut-être été comme tant

---

(1) On sait qu'il y a en effet deux ordonnances remplies d'un touchant intérêt pour la race canine, qui interdisent l'attelage des chiens.

de jeunesses qui commencent par rire et qui finissent...

— Par tout le contraire, c'est vrai, mère Arsène ; mais aussi tout le monde n'aurait pas le courage de s'atteler pour rester sage... Alors on se fait une raison, on se dit qu'il faut s'amuser tant qu'on est jeune et gentille... et puis, qu'on n'a pas dix-sept ans tous les jours... eh bien !... après... après... la fin du monde ou bien on se marie...

— Dites donc, mademoiselle, il aurait peut-être mieux valu commencer par là.

— Oui, mais on est trop bête, on ne sait pas enjôler les hommes, ou leur faire peur ; on est simple, confiante, et ils se moquent de vous... Tenez, moi, mère Arsène, c'est ça qui serait un exemple à faire frémir la nature si je voulais, mais c'est bien assez d'avoir eu des chagrins sans s'amuser encore à s'en faire de la graine de souvenirs.

— Comment donc ça, mademoiselle... vous si jeune, si gaie, vous avez eu des chagrins ?

— Ah, mère Arsène ! je crois bien, à quinze ans et demi j'ai commencé à fondre

en larmes, et je n'ai tari qu'à seize ans... C'é-
tait assez gentil, j'espère?

— On vous a trompée, mademoiselle?

— On m'a fait pis... comme on a fait à tant
d'autres pauvres filles qui, pas plus que moi,
n'avaient d'abord envie de mal faire... Mon
histoire n'est pas longue... Mon père et ma
mère sont des paysans du côté de Saint-Va-
lery, mais si pauvres, si pauvres, que sur
cinq enfants que nous étions ils ont été obligés de m'envoyer, à huit ans, chez ma tante,
qui était femme de ménage ici à Paris. La
bonne femme m'a prise par charité; et c'était
bien à elle, car elle ne gagnait pas grand'
chose. A onze ans, elle m'a envoyée travailler
dans une des manufactures du faubourg Saint-
Antoine. C'est pas pour dire du mal des maî-
tres des fabriques, mais ça leur est bien égal
que les petites filles et les petits garçons soient
pêle-mêle avec des jeunes filles et des jeunes
gens de dix-huit à vingt ans... aussi pêle-mêle
entre eux... Alors vous concevez... il y a là-dedans comme partout des mauvais sujets; ils
ne se gênent ni en paroles ni en actions, et je
vous demande quel exemple pour des enfants

qui voient et qui entendent plus qu'ils n'en
ont l'air. Alors, que voulez-vous!... on s'ha-
bitue en grandissant à entendre et à voir tous
les jours des choses qui plus tard ne vous ef-
farouchent plus.

— C'est vrai, au moins, ce que vous dites
là, mademoiselle Rose-Pompon ; pauvres enfants! qui est-ce qui s'en occupe? ni le père ni
la mère; ils sont à leur tâche...

— Oui, oui, allez, mère Arsène, on a bien
vite dit d'une jeune fille qui a mal tourné, c'est
une ci, c'est une ça ; mais si on savait le pourquoi des choses, on la plaindrait plutôt qu'on
ne la blâmerait... Enfin pour en revenir à moi,
à quinze ans j'étais très-gentille... Un jour,
j'ai une réclamation à faire au premier commis de la fabrique. Je vais le trouver dans
son cabinet; il me dit qu'il me rendra justice, et que même il me protégera si je veux
l'écouter, et il commence par vouloir m'em-
brasser. Je me débats... Alors il me dit : « Tu
» me refuses, tu n'auras plus d'ouvrage; je
» te renvoie de la fabrique. »

— Oh, le méchant homme! — dit la mère
Arsène.

— Je rentre chez nous tout en larmes, ma
pauvre tante m'encourage à ne pas céder et
à me placer ailleurs... Oui... mais impossible ;
les fabriques étaient encombrées. Un malheur
ne vient jamais seul : ma tante tombe malade,
pas un sou à la maison : je prends mon grand
courage, je retourne à la fabrique supplier
le commis. Rien n'y fait. « Tant pis pour toi,
» me dit-il, tu refuses ton bonheur, car si tu
» avais voulu être gentille, plus tard je t'au-
» rais peut-être épousée... » Que voulez-vous
que je vous dise, mère Arsène? La misère
était là ; je n'avais pas d'ouvrage ; ma tante
était malade ; le commis disait qu'il m'épou-
serait... J'ai fait comme tant d'autres.

— Et quand, plus tard, vous lui avez demandé le mariage?

— Il m'a ri au nez, bien entendu, et, au
bout de six mois, il m'a plantée là... C'est alors
que j'ai tant pleuré toutes les larmes de mon
corps... qu'il ne m'en reste plus... J'en ai fait
une maladie... et puis enfin, comme on se
console de tout... je me suis consolée ;... de fil
en aiguille, j'ai rencontré Philémon. Et c'est
sur lui que je me revenge des autres... Je suis

son tyran — ajouta Rose-Pompon d'un air tragique, et l'on vit se dissiper le nuage de tristesse qui avait assombri son joli visage pendant son récit à la mère Arsène.

— C'est pourtant vrai — dit la mère Arsène en réfléchissant. — On trompe une pauvre fille... qu'est-ce qui la protège, qu'est-ce qui la défend? Ah! oui, bien souvent le mal qu'on fait ne vient pas de vous... et...

— Tiens!... Nini-Moulin?... — s'écria Rose-Pompon en interrompant la fruitière et en regardant de l'autre côté de la rue — est-il matinal!... Qu'est-ce qu'il peut me vouloir?

Et Rose-Pompon s'enveloppa de plus en plus pudiquement dans son manteau.

Jacques Dumoulin s'avançait en effet le chapeau sur l'oreille, le nez rubicond et l'œil brillant; il était vêtu d'un paletot-sac qui dessinait la rotondité de son abdomen; ses deux mains, dont l'une tenait une grosse canne *au port d'arme*, étaient plongées dans les vastes poches de ce vêtement.

Au moment où il s'avançait sur le seuil de

la boutique, sans doute pour interroger la portière, il aperçut Rose-Pompon.

— Comment! ma pupille déjà levée!... ça se trouve bien!... moi qui venais pour la bénir au lever de l'aurore!

Et Nini-Moulin avança, les bras ouverts, à l'encontre de Rose-Pompon, qui recula d'un pas.

— Comment!... enfant ingrat... — reprit l'écrivain religieux, — vous refusez mon accolade matinale et paternelle!

— Je n'accepte d'accolades paternelles que de Philémon... J'ai reçu hier une lettre de lui avec un petit baril de raisiné, deux oies, une cruche de ratafia de famille, et une anguille. Hein! voilà un présent ridicule! j'ai gardé le ratafia et j'ai troqué le reste pour deux amours de pigeons vivants que j'ai installés dans le cabinet de Philémon, ce qui me fait un petit colombier bien gentil. Du reste, *mon époux* arrive avec 700 fr. qu'il a demandés à sa respectable famille sous le prétexte d'apprendre la basse, le cornet à piston et le porte-voix, afin de séduire en

société et de faire un mariage... chicandard...
comme vous dites, bon sujet...

— Eh bien, ma pupille chérie! nous pour-
rons déguster le ratafia de famille et festoyer
en attendant Philémon et ses 700 francs.

Ce disant, Nini-Moulin frappa sur les poches de son gilet, qui rendirent un son mé-
tallique, et il ajouta :

— Je venais vous proposer d'embellir ma
vie aujourd'hui, et même demain, et même
après-demain, si le cœur vous en dit...

— Si c'est des amusements décents et pa-
ternels, mon cœur ne dit pas non.

— Soyez tranquille, je serai pour vous un
aïeul, un bisaïeul, un portrait de famille:...
Voyons, promenade, dîner, spectacle, bal
costumé, et souper ensuite, ça vous va-
t-il?

— A condition que cette pauvre Céphyse
en sera. Ça la distraira.

— Va pour Céphyse.

— Ah çà! vous avez donc fait un héritage, gros apôtre?

— Mieux que cela, ô la plus rose de toutes
les roses-pompons... Je suis rédacteur en chef
d'un journal religieux... Et comme il faut de
la tenue dans cette respectable boutique, je
demande tous les mois un mois d'avance et
trois jours de liberté; à cette condition-là, je
consens à faire le saint pendant vingt-sept
jours sur trente, et à être toujours grave et
assommant comme le journal.

— Un journal, vous? En voilà un qui sera
drôle, et qui dansera tout seul, sur les tables
des cafés, des pas défendus.

— Oui, il sera drôle, mais pas pour tout
le monde! Ce sont tous sacristains cossus qui
font les frais;... ils ne regarderont pas à
l'argent, pourvu que le journal morde, dé-
chire, brûle, broie, extermine et assassine....
Parole d'honneur! je n'aurai jamais été plus
forcené — ajouta Nini-Moulin en riant d'un
gros rire; — j'arroserai les blessures toutes
vives avec mon venin *premier cru* ou avec
mon fiel *grrrrrand mousseux!!!*

Et pour péroraison. Nini-Moulin imita le
bruit que fait en sautant le bouchon d'une

bouteille de vin de Champagne. Ce qui fit beaucoup rire Rose-Pompon.

— Et comment s'appellera-t-il, votre journal de sacristains? — reprit-elle.

— Il s'appelle *l'Amour du Prochain.*
— A la bonne heure! voilà un joli nom!
— Attendez donc, il en a un second.
— Voyons le second.

— *L'amour du Prochain, ou l'Exterminateur des Incrédules, des Indifférents, des Tièdes et autres,* avec cette épigraphe du grand Bossuet : *Ceux qui ne sont pas avec nous sont contre nous.*

— C'est aussi ce que dit toujours Philémon dans ses batailles à la Chaumière, en faisant le moulinet.

— Ce qui prouve que le génie de l'aigle de Meaux est universel. Je ne lui reproche qu'une chose, c'est d'avoir été jaloux de Molière.

— Bah! jalousie d'acteur — dit Rose-Pompon.

— Méchante... — reprit Nini-Moulin en la menaçant du doigt.

— Ah çà, vous allez donc exterminer madame de la Sainte-Colombe... car elle est un
peu tiède, celle-là. . Et votre mariage?

— Mon journal la sert au contraire. Pensez donc! rédacteur en chef... c'est une position superbe; les sacristains me prônent, me
poussent, me soutiennent, me bénissent.
J'empaume la Sainte-Colombe... et alors une
vie... une vie à mort!

A ce moment, un facteur entra dans la
boutique et remit une lettre à la fruitière en
lui disant :

— Pour monsieur Charlemagne... affran-
chie... rien à payer.

— Tiens — dit Rose-Pompon — c'est pour
le petit vieux si mystérieux, qui a des allures
extraordinaires. Est-ce que cela vient de
loin?...

— Je crois bien, ça vient d'Italie, de Rome
— dit Nini-Moulin en regardant à son tour
la lettre que la fruitière tenait à la main.

— Ah çà — ajouta-t-il — qu'est-ce donc
que cet étonnant petit vieux dont vous parlez?

— Figurez-vous, mon gros apôtre — dit
Rose-Pompon — un vieux bonhomme qui a
deux chambres au fond de la cour; il n'y
couche jamais, et il vient s'y enfermer de
temps en temps pendant des heures sans
laisser monter personne chez lui... et sans
qu'on sache ce qu'il y fait.

— C'est un conspirateur ou un faux-mon-
nayeur... — dit Nini-Moulin en riant.

— Pauvre cher homme! — dit la mère Arsène — où serait-elle donc, sa fausse mon-
naie! il me paye toujours en gros sous le morceau de pain et le radis noir que je lui
fournis pour son déjeuner, quand il dé-
jeune.

— Et comment s'appelle ce mystérieux ca-
duc? — demanda Dumoulin.

— M. Charlemagne — dit la fruitière. —
Mais, tenez... quand on parle du loup...
on en voit la queue.

— Où est-elle donc, cette queue?

— Tenez... ce petit vieux, là-bas... le long
de la maison; il marche le cou de travers
avec son parapluie sous son bras.

—Monsieur Rodin !—s'écria Nini-Moulin,
et, se reculant brusquement, il descendit en
hâte trois marches de l'escalier, afin de n'ê-
tre pas vu. Puis il ajouta :

— Et vous dites que ce monsieur s'appelle?

— M. Charlemagne... Est-ce que vous le
connaissez? — demanda la fruitière.

— Que diable vient-il faire ici, sous un
faux nom? — dit Jacques Dumoulin à voix
basse en se parlant à lui-même.

— Mais vous le connaissez donc? — reprit
Rose-Pompon avec impatience. — Vous voilà
tout interdit.

— Et ce monsieur a pour pied-à-terre
deux chambres dans cette maison? Et il y
vient mystérieusement? — dit Jacques Dumoulin de plus en plus surpris.

— Oui — reprit Rose-Pompon — on voit
ses fenêtres du colombier de Philémon.

— Vite ! vite! passons par l'allée; qu'il ne
me rencontre pas — dit Dumoulin.

Et, sans avoir été aperçu de Rodin, il passa
de la boutique dans l'allée et de l'allée monta

l'escalier qui conduisait à l'appartement oc-
cupé par Rose-Pompon.

— Bonjour, monsieur Charlemagne—dit
la mère Arsène à Rodin, qui s'avançait alors
sur le seuil de la porte — vous venez deux
fois en un jour; à la bonne heure, car vous
êtes joliment rare.

— Vous êtes trop honnête, ma chère dame
— dit Rodin avec un salut fort courtois.

Et il entra dans la boutique de la fruitière.

CHAPITRE XIII.

LE RÉDUIT.

La physionomie de Rodin, lorsqu'il était entré chez la mère Arsène, respirait la simplicité la plus candide : il appuya ses deux mains sur la pomme de son parapluie et dit :

— Je regrette bien, ma chère dame, de vous avoir éveillée ce matin de très-bonne heure...

— Vous ne venez déjà pas assez souvent, mon digne monsieur, pour que je vous fasse des reproches.

— Que voulez-vous, chère dame! j'habite la campagne, et je ne peux venir que de temps à autre dans ce pied-à-terre, pour faire mes petites affaires.

— A propos de ça, monsieur, la lettre que
vous attendiez hier est arrivée ce matin; elle
est grosse et vient de loin. La voilà — dit la
fruitière en tirant la lettre de sa poche —
elle n'a pas coûté de port.

— Merci, ma chère dame — dit Rodin
en prenant la lettre avec une indifférence apparente; et il la mit dans la poche de côté de
sa redingote, qu'il reboutonna ensuite soigneusement.

— Allez-vous monter chez vous, monsieur?

— Oui, ma chère dame.

— Alors, je vais m'occuper de vos petites
provisions — dit la mère Arsène. — Est-ce
toujours comme à l'ordinaire, mon digne
monsieur?

— Toujours comme à l'ordinaire.

— Ça va être prêt en un clin-d'œil.

Ce disant, la fruitière prit un vieux panier;
après y avoir jeté trois ou quatre mottes à brû-
ler, un petit fagotin de cotrets, quelques
morceaux de charbon, elle recouvrit ces combustibles d'une feuille de choux; puis, allant
au fond de sa boutique, elle tira d'un bahut

un gros pain rond, en coupa une tranche et
choisit ensuite d'un œil connaisseur un magnifique radis noir parmi plusieurs de ces
racines, le divisa en deux, y fit un trou
qu'elle remplit de gros sel gris, rajusta les
deux morceaux et les plaça soigneusement
auprès du pain, sur la feuille de choux qui
séparait les combustibles des comestibles.
Prenant enfin à son fourneau quelques char-
bons allumés, elle les mit dans un petit sabot rempli de cendres qu'elle posa aussi dans
le panier.

Remontant alors jusqu'à la dernière marche de son escalier, la mère Arsène dit à
Rodin :

— Voici votre panier, monsieur.

— Mille remercîments, chère dame,

Répondit Rodin, et plongeant la main
dans le gousset de son pantalon, il en tira
huit sous qu'il remit un à un à la fruitière,
et lui dit en emportant le panier :

— Tantôt, en redescendant de chez moi,
je vous rendrai, comme d'habitude, votre
panier.

— A votre service, mon brave monsieur,
à votre service, dit la mère Arsène.

Rodin prit son parapluie sous son bras gauche, souleva de sa main droite le panier de la
fruitière, entra dans l'allée obscure, traversa
une petite cour, monta d'un pas allègre jusqu'au
second étage d'un corps de logis fort délabré;
puis arrivé là, sortant une clef de sa poche,
il ouvrit une première porte, qu'ensuite il
referma soigneusement sur lui.

La première des deux chambres qu'il oc-
cupait était complétement démeublée; quant
à la seconde, on ne saurait imaginer un réduit d'un aspect plus triste, plus misérable.

Un papier tellement éraillé, passé, dé-
chiré, que l'on ne pouvait reconnaître sa
nuance primitive, couvrait les murailles; un
lit de sangle boiteux, garni d'un mauvais matelas et d'une couverture de laine mangée par
les vers, un tabouret, une petite table de bois
vermoulu, un poêle de faïence grisâtre aussi
craquelée que de la porcelaine du Japon, une
vieille malle à cadenas placée sous le lit, tel
était l'ameublement de ce taudis délabré.

Une étroite fenêtre aux carreaux sordides

éclairait à peine cette pièce presque entièrement privée d'air et de jour par la hauteur du bâtiment qui donnait sur la rue ; deux vieux mouchoirs à tabac attachés l'un à l'autre avec des épingles, et qui pouvaient à volonté glisser sur une ficelle tendue devant la fenêtre, servaient de rideaux ; enfin le carrelage disjoint, rompu, laissant voir le plâtre du plancher, témoignait de la profonde incurie du locataire de cette demeure.

Après avoir fermé sa porte, Rodin jeta son chapeau et son parapluie sur le lit de sangle, posa par terre son panier, en tira le radis noir et le pain, qu'il plaça sur la table, puis, s'agenouillant devant son poêle, il le bourra de combustibles et l'alluma en soufflant d'un poumon puissant et vigoureux sur la braise apportée dans le sabot.

Lorsque, selon l'expression consacrée, son poêle *tira*, Rodin alla étendre sur leur ficelle les deux mouchoirs à tabac qui lui servaient de rideaux ; puis, se croyant bien celé à tous les yeux, il tira de la poche de côté de sa redingote la lettre que la mère Arsène lui avait remise.

En faisant ce mouvement, il amena plusieurs papiers et objets différents; l'un de ces
papiers, gras et froissé, plié en petit paquet,
tomba sur la table et s'ouvrit; il renfermait
une croix de la Légion-d'Honneur en argent
noirci par le temps; le ruban rouge de cette
croix avait presque perdu sa couleur primitive.

A la vue de cette croix, qu'il remit dans sa
poche avec la médaille dont Faringhea avait
dépouillé Djalma, Rodin haussa les épaules
en souriant d'un air méprisant et sardonique,
puis il tira sa grosse montre d'argent, et la
plaça sur la table à côté de la lettre de Rome.

Il regardait cette lettre avec un singulier
mélange de défiance et d'espoir, de crainte
et d'impatiente curiosité.

Après un moment de réflexion, il s'apprê-
tait à décacheter cette enveloppe... Mais il la
rejeta brusquement sur la table, comme si,
par un étrange caprice, il eût voulu prolon-
ger de quelques instants l'angoisse d'une in-
certitude aussi poignante, aussi irritante que
l'émotion du jeu.

Regardant sa montre, Rodin se résolut de

n'ouvrir la lettre que lorsque l'aiguille mar-
querait neuf heures et demie; il s'en fallait
alors de sept minutes.

Par une de ces bizarreries puérilement fa-
talistes, dont de très-grands esprits n'ont pas
été exempts, Rodin se disait : — Je brûle du
désir d'ouvrir cette lettre ; si je ne l'ouvre qu'à
neuf heures et demie, les nouvelles qu'elles
m'apportent seront favorables.

Pour employer ces minutes, Rodin fit quelques pas dans sa chambre, et alla se placer,
pour ainsi dire, en contemplation admirative
devant deux vieilles gravures jaunâtres, ron-
gées de vétusté, attachées au mur par deux
clous rouillés.

Le premier de ces *objets d'art*, seuls orne-
ments dont Rodin eût jamais décoré ce taudis, était une de ces images grossièrement
dessinées et enluminées de rouge, de jaune,
de vert et de bleu, que l'on vend dans les foires;
une inscription italienne annonçait que cette
gravure avait été fabriquée à Rome.

Elle représentait une femme couverte de
guenilles, portant une besace et ayant sur ses
genoux un petit enfant; une horrible diseuse

de bonne aventure tenait dans ses mains la main
du petit enfant, et semblait y lire l'avenir,
car ces mots sortaient de sa bouche en grosses
lettres bleues : *sara Papa* (il sera Pape).

Le second de ces objets d'art qui semblaient inspirer les profondes méditations de
Rodin, était une excellente gravure en taille-
douce, dont le fini précieux, le dessin à la
fois hardi et correct contrastaient singulièrement avec la grossière enluminure de l'autre
image.

Cette rare et magnifique gravure, payée
par Rodin six louis (luxe énorme), représentait un jeune garçon vêtu de haillons. La laideur de ses traits était compensée par l'expression spirituelle de sa physionomie vigou-
reusement caractérisée ; assis sur une pierre,
entouré çà et là d'un troupeau de porcs qu'il
gardait, il était vu de face, accoudé sur son
genou, et appuyant son menton dans la
paume de sa main.

L'attitude pensive, réfléchie, de ce jeune
homme, vêtu comme un mendiant, la puissance de son large front, la finesse de son regard pénétrant, la fermeté de sa bouche ru-

sée semblaient révéler une indomptable résolution jointe à une intelligence supérieure
et à une astucieuse adresse.

Au-dessous de cette figure, les attributs
pontificaux s'enroulaient autour d'un médail-
lon au centre duquel se voyait une tête de
vieillard dont les lignes, fortement accentuées,
rappelaient d'une manière frappante, malgré
leur sénilité, les traits du jeune gardeur de
troupeau.

Cette gravure portait enfin pour titre : LA
JEUNESSE DE SIXTE-QUINT, et l'image enlumi-
née *la Prédiction* (1).

A force de contempler ces gravures de plus
en plus près, d'un œil de plus en plus ardent
et interrogatif, comme s'il eût demandé des
inspirations ou des espérances à ces images,
Rodin s'en était tellement rapproché que,
toujours debout et repliant son bras droit
derrière sa tête, il se tenait pour ainsi dire
appuyé et accoudé à la muraille, tandis que,

---

(1) Selon la tradition, il aurait été prédit à la mère de
Sixte-Quint qu'il serait pape, et il aurait été, dans sa première jeunesse, gardien de troupeaux.

cachant sa main gauche dans la poche de
son pantalon noir, il écartait ainsi un des
pans de sa vieille redingote olive.

Pendant plusieurs minutes, il garda cette
attitude méditative.

. . . .

Rodin, nous l'avons dit, venait rarement
dans ce logis; selon les règles de son ordre, il
avait jusqu'alors toujours demeuré avec le
P. d'Aigrigny, dont la surveillance lui était
spécialement confiée : aucun membre de la
congrégation, surtout dans la position subalterne où Rodin s'était jusqu'alors tenu, ne
pouvait ni se renfermer chez soi, ni même
posséder un meuble fermant à clef; de la
sorte, rien n'entravait l'exercice d'un espionnage mutuel, incessant, l'un des plus puis-
sants moyens d'action et d'asservissement
employés par la compagnie de Jésus.

En raison de diverses combinaisons qui
lui étaient toutes personnelles, bien que se
rattachant par quelques points aux intérêts
généraux de son ordre, Rodin avait pris à
l'insu de tous ce pied-à-terre de la rue de
Clovis.

C'est du fond de ce réduit ignoré, que le
socius correspondait directement avec les personnages les plus éminents et les plus influents du sacré collége.

On se souvient peut-être qu'au commencement de cette histoire, lorsque Rodin écrivait à Rome que le P. d'Aigrigny, ayant reçu
l'ordre de quitter la France sans voir sa mère
mourante, *avait* hésité à partir; on se souvient, disons-nous, que Rodin avait ajouté,
en forme de *post-scriptum*, au bas du billet
qui dénonçait au général de l'ordre l'hésitation du P. d'Aigrigny :

« — DITES *au cardinal-prince qu'il peut*
» *compter sur moi, mais qu'à son tour il me*
» *serve activement.* »

Cette manière familière de correspondre
avec le plus puissant dignitaire de l'ordre;
le ton presque protecteur de la recomman-
dation que Rodin adressait à un cardinal-
prince, prouvait assez que le *socius*, malgré
son apparente subalternité, était, à cette époque, regardé comme un homme très-impor-
tant par plusieurs princes de l'Église ou autres dignitaires, qui lui adressaient leurs

lettres à Paris, sous un faux nom, et d'ailleurs chiffrées avec les précautions et les sûretés d'usage.

Après plusieurs moments de méditation comtemplative passés devant le portrait de *Sixte-Quint,* Rodin revint lentement à sa table, où était cette lettre, que par une sorte d'atermoiement superstitieux il avait différé d'ouvrir, malgré sa vive curiosité.

Comme il s'en fallait encore de quelques minutes que l'aiguille de sa montre marquât neuf heures et demie, Rodin, afin de ne pas perdre de temps, fit méthodiquement les apprêts de son frugal déjeuner; il plaça sur sa table, à côté d'une écritoire garnie de plumes, le pain et le radis noir ; puis s'asseyant sur son tabouret, ayant pour ainsi dire le poêle entre ses jambes, il tira de son gousset un couteau à manche de corne, dont la lame aiguë était aux trois quarts usée, coupa alternativement un morceau de pain et un morceau de radis, et commença son frugal repas avec un appétit robuste, l'œil fixé sur l'aiguille de sa montre...

L'heure fatale atteinte, Rodin décacheta l'enveloppe d'une main tremblante.

Elle contenait deux lettres.

La première parut le satisfaire médiocrement; car, au bout de quelques minutes, il haussa les épaules, frappa impatiemment sur la table avec le manche de son couteau, écarta dédaigneusement cette lettre du revers de sa main crasseuse, et parcourut la seconde missive, tenant son pain d'une main, et, de l'autre, trempant par un mouvement machinal une tranche de radis dans le sel gris répandu sur un coin de la table.

Tout à coup la main de Rodin resta immobile. A mesure qu'il avançait dans sa lecture, il paraissait de plus en plus intéressé, surpris, frappé.

Se levant brusquement, il courut à la croisée, comme pour s'assurer, par un second examen des chiffres de la lettre, qu'il ne s'était pas trompé; tant ce qu'on lui annonçait lui paraissait inattendu.

Sans doute Rodin reconnut qu'il *avait bien déchiffré*, car, laissant tomber ses bras, non pas avec abattement, mais avec la stupeur d'une satisfaction aussi imprévue qu'extraordinaire, il resta quelque temps la tête basse,

le regard fixe, profond;... la seule marque de
joie qu'il donnât se manifestait par une sorte
d'aspiration sonore, fréquente et prolongée.

Les hommes aussi audacieux dans leur
ambition que patients et opiniâtres dans leur
sape souterraine, sont surpris de leur réussite, lorsque cette réussite devance et dépasse
incroyablement leurs sages et prudentes pré-
visions.

Rodin se trouvait dans ce cas.

Grâce à des prodiges de ruse, d'adresse et
de dissimulation; grâce à de puissantes pro-
messes de corruption; grâce enfin au singulier mélange d'admiration, de frayeur et
de confiance que son génie inspirait à plusieurs personnages influents, Rodin appre-
nait du gouvernement pontifical que, selon
une éventualité possible et probable, il pourrait, dans un temps donné, prétendre avec
chance de succès à une position qui n'a que
trop souvent excité la crainte, la haine ou
l'envie de bien des souverains, et qui a été
quelquefois occupée par de grands hommes
de bien, par d'abominables scélérats ou par
des gens sortis des derniers rangs de la société.

Mais, pour que Rodin atteignît plus sûrement ce but, il lui fallait absolument réussir dans ce qu'il s'était engagé à accomplir sans violence, et seulement par le jeu et par le ressort des passions habilement maniées, à savoir :

Assurer à la compagnie de Jésus la possession des biens de la famille Rennepont;

Possession qui, de la sorte, avait une double et immense conséquence; car Rodin, selon ses visées personnelles, songeait à se faire de son ordre (dont le chef était à sa discrétion) un marchepied et un moyen d'intimidation.

Sa première impression de surprise passée, impression qui n'était pour ainsi dire qu'une sorte de modestie d'ambition, de défiance de soi, assez commune aux hommes réellement supérieurs, Rodin, envisageant plus froidement, plus logiquement les choses, se reprocha presque sa surprise.

Pourtant bientôt après, par une contradiction bizarre, cédant encore à une de ces idées puériles, auxquelles l'homme obéit souvent lorsqu'il se sait ou se croit parfaite-

ment seul et caché, Rodin se leva brusquement, prit la lettre qui lui avait causé une si
heureuse surprise, et alla, pour ainsi dire,
l'étaler sous les yeux de l'image du jeune pâtre
devenu pape; puis, secouant fièrement,
triomphalement la tête, dardant sur le portrait son regard de reptile, il dit entre ses
dents en mettant son doigt crasseux sur l'em-
blème pontifical :

— Hein! frère? et moi aussi... peut-être...

Après cette interpellation ridicule, Rodin
revint à sa place, et comme si l'heureuse
nouvelle qu'il venait de recevoir eût exaspéré
son appétit, il plaça la lettre devant lui pour
la relire encore une fois, et la couvant des
yeux il se prit à mordre avec une sorte de
furie joyeuse dans son pain dur et dans son
radis noir en chantonnant un vieil air de li-
tanies.

. . . .

Il y avait quelque chose d'étrange, de grand
et surtout d'effrayant dans l'opposition de cette
ambition immense, déjà presque justifiée par
les événements, et contenue, si cela peut se
dire, dans un si misérable réduit.

Le P. d'Aigrigny, homme sinon très-supé-
rieur, du moins d'une valeur réelle, grand
seigneur de naissance, très-hautain, placé
dans le meilleur monde, n'aurait jamais osé
avoir seulement la pensée de prétendre à ce
que prétendait Rodin de prime-saut; l'unique
visée du P. d'Aigrigny, il la trouvait imperti-
nente, était d'arriver à être un jour élu général de son ordre, de cet ordre qui embras-
sait le monde.

La différence des aptitudes ambitieuses de
ces personnages est concevable. Lorsqu'un
homme d'un esprit éminent, d'une nature
saine et vivace, concentrant toutes les forces
de son âme et de son corps sur une pensée
unique, pratique obstinément, ainsi que le fai-
sait Rodin, la chasteté, la frugalité, enfin le
renoncement volontaire à toute satisfaction
du cœur ou des sens, presque toujours cet
homme ne se révolte ainsi contre les vœux
sacrés du Créateur qu'au profit de quelque
passion monstrueuse et dévorante, divinité
infernale qui, par un pacte sacrilége, lui demande, en échange d'une puissance redouta-
ble, l'anéantissement de tous les nobles pen-

chants, de tous les ineffables attraits, de
tous les tendres instincts, dont le Seigneur,
dans sa sagesse éternelle, dans son inépuisable
munificence, a si paternellement doué la créature.

. . . .

Pendant la scène muette que nous venons
de dépeindre, Rodin ne s'était pas aperçu que
les rideaux d'une des fenêtres situées au troisième étage du bâtiment qui dominait le
corps de logis où il habitait s'étaient légèrement écartés, et avaient à demi découvert la
mine espiègle de Rose-Pompon et la face de
Silène de Nini-Moulin.

Il s'ensuivait que Rodin, malgré son rem-
part de mouchoirs à tabac, n'avait été nul-
lement garanti de l'examen indiscret et curieux des deux coryphées de la Tulipe Orageuse.

CHAPITRE XIV.

UNE VISITE INATTENDUE.

Rodin, quoiqu'il eût éprouvé une profonde surprise à la lecture de la seconde lettre de Rome, ne voulut pas que sa réponse témoignât de cet étonnement. Son frugal déjeuner terminé, il prit une feuille de papier et chiffra rapidement la note suivante, de ce ton rude et tranchant qui lui était habituel lorsqu'il n'était pas obligé de se contraindre :

« Ce que l'on m'apprend ne me surprend
» point. — J'avais tout prévu. — Indécision
» et lâcheté portent toujours ces fruits-là. —
» Ce n'est pas assez. — La Russie hérétique
» égorge la Pologne catholique. — Rome bé-

» nit les meurtriers et maudit les victimes (1).

» — Cela me va.

» — En retour, la Russie garantit à Rome,
» par l'Autriche, la compression sanglante des
» patriotes de la Romagne.

» — Cela me va toujours.

« — Les bandes d'égorgeurs du bon cardi-
» nal Albani ne suffisent plus au massacre
» des libéraux impies ; elles sont lasses.

» — Cela ne me va plus.

» — Il faut qu'elles marchent. »

(1) On lit dans les *Affaires de Rome*, cet admirable ré-
quisitoire contre Rome, dû au génie le plus véritablement
évangélique de notre siècle :

« Tant que l'issue de la lutte entre la Pologne et ses op-
presseurs demeura douteuse, le journal officiel romain ne
contint pas un mot qui pût blesser le peuple vainqueur en
tant de combats ; mais à peine eut-il succombé, à peine les
atroces vengeances du czar eurent-elles commencé le long
supplice de toute une nation dévouée au glaive, à l'exil, à
la servitude, que le même journal ne trouva pas d'expres-
sions assez injurieuses pour flétrir ceux que la fortune avait
abandonnés. *On aurait tort pourtant d'attribuer directement cette indigne lâcheté au gouvernement pontifical ; il
subissait la loi que la Russie lui imposait ; elle lui avait
dit :* VEUX-TU VIVRE ? TIENS-TOI LA... PRÈS DE L'ÉCHAFAUD... ET
A MESURE QU'ELLES PASSERONT... MAUDIS LES VICTIMES !!! »

(Lamennais, *Affaires de Rome*, p. 110. Pagnerre, 1844.)

Au moment où Rodin venait d'écrire ces
derniers mots, son attention fut tout à coup
distraite par la voix fraîche et sonore de Rose-
Pompon, qui, sachant son Béranger par
cœur, avait ouvert la fenêtre de Philémon,
et, assise sur la barre d'appui, chantait avec
beaucoup de chrame et de gentillesse ce couplet de l'immortel chansonnier :

> Mais quelle erreur, non , Dieu n'est pas colère.
> S'il créa tout. . à tout il sert d'appui :
> Vins qu'il nous donne , amitié tutélaire ,
> Et vous amours, qui créez après lui ,
> Prêtez un charme à ma philosophie ;
> Pour dissiper des rêves affligeants,
> Le verre en main , que chacun se confie
>   Au Dieu des bonnes gens !

Ce chant, d'une mansuétude divine, con-
trastait si étrangement avec la froide cruauté
des quelques lignes écrites par Rodin, qu'il
tressaillit et se mordit les lèvres de rage, en
reconnaissant ce refrain du grand poète, véritablement chrétien, qui avait porté de si
rudes coups à la mauvaise église.

Rodin attendit quelques instants dans une
impatience courroucée, croyant que la voix

allait continuer; mais Rose-Pompon se tut, ou du moins ne fit plus que fredonner, et bientôt même passa à un autre air, celui du *Bon Pape*, qu'elle vocalisa, mais sans paroles.

Rodin, n'osant pas aller regarder par sa croisée quelle était cette importune chanteuse, haussa les épaules, reprit sa plume et continua.

— Autre chose : — « Il faudrait exaspérer » les indépendants de tous les pays, — sou- » lever la rage *philosophaille* de l'Europe — » faire écumer le libéralisme — ameuter con- » tre Rome tout ce qui vocifère. — Pour cela: » proclamer à la face du monde les trois pro- » positions suivantes :

» 1° *Il est abominable de soutenir que l'on peut* » *faire son salut dans quelque profession de foi* » *que ce soit, pourvu que les mœurs soient pures.*

» 2° *Il est odieux et absurde d'accorder aux* » *peuples la liberté de conscience.*

» 3° *L'on ne saurait avoir trop d'horreur con-* » *tre la liberté de la presse* (1). »

(1) On lit les passages suivants dans la *Lettre encyclique*

» Il faut amener *l'homme faible* à déclarer
» ces propositions de tout point orthodoxes

adressée par le pape actuel à tous les évêques de France
en 1832, afin qu'ils aient à se conformer, eux et leurs
ouailles, à ces instructions , bien qu'elles soient en opposition directe avec les lois du pays et les droits des citoyens.

Est-il besoin de dire que M. de Lamennais a protesté, de
toute la puissance de son génie et de son grand cœur, contre d'aussi odieuses maximes que voici dans toute leur can-
deur ultramontaine :

« Nous arrivons maintenant — dit le Saint-Père — à une
» autre cause dont nous gémissons de voir l'Église affligée
» en ce moment. Savoir, à cet *indifférentisme* ou cette *opi-*
» *nion perverse* qui s'est répandue de tous côtés par les
» artifices des méchants, et d'après laquelle on POURRAIT AC-
» QUÉRIR LE SALUT ÉTERNEL PAR QUELQUE PROFESSION DE FOI
» QUE CE SOIT, POURVU QUE LES MOEURS SOIENT DROITES ET HON-
» NÊTES... Il ne vous sera pas difficile dans une matière si
» claire et si évidente de repousser une erreur aussi fatale
» des peuples confiés à vos soins. »

C'est assez clair. Avis à nous autres qui sommes confiés
aux soins des pasteurs. Ce n'est pas tout. Voici qu'un
moine italien, chef ultramontain de nos évêques, biffe d'un
trait de plume un de nos droits les plus sacrés, un droit qui
a coûté au pays des torrents de sang répandu dans les guer-
res religieuses.

« De cette source infecte de l'indifférentisme — poursuit
» le Saint-Père — découle cette maxime absurde et erro-
» née, ou plutôt ce délire, *qu'il faut assurer et garantir à*
» *qui que ce soit la* LIBERTÉ DE CONSCIENCE... On prépare la
» voie à cette pernicieuse erreur par la liberté d'opinions

I.   20

» — lui vanter leur bon effet sur les gouver-
» nements despotiques — sur les vrais catho-
» liques, sur les museleurs de populaire. —
» Il se prendra au piége. — Les propositions
» formulées, la tempête éclate. — Soulève-
» ment général contre Rome — scission pro-
» fonde — le sacré collége se divise en trois
» partis. — L'un approuve — l'autre blâme
» — l'autre tremble. — *L'Homme faible*, en-
» core plus épouvanté qu'il ne l'est aujour-
» d'hui d'avoir laissé égorger la Pologne, re-
» cule devant les clameurs, les reproches, les
» menaces, les ruptures violentes qu'il sou-
» lève.

» pleine et sans bornes qui se répand au loin pour le mal-
» heur de la société religieuse et civile. »

Il est évident que le Saint-Père ordonne à nos évêques
d'inspirer à leurs ouailles l'horreur d'une des lois fondamén
tales de notre société. Terminons par une sortie dudit
Saint-Père, non moins violente et non moins concluante
contre le dragon de la presse :

« Là se rapporte cette *liberté funeste*, et dont on ne peut
» avoir assez d'horreur, LA LIBERTÉ DE LIBRAIRIE POUR PU-
» BLIER QUELQUE ÉCRIT QUE CE SOIT, liberté que quelques-uns
» osent solliciter et étendre avec autant de bruit que d'ar-
» deur. »

(*Lettre encyclique du P. Grégoire XVI aux évêques
de France.*)

» — Cela me va toujours et beaucoup.

» — Alors, à notre bon P. V. d'ébranler la
» conscience de *l'homme faible* — d'inquiéter
» son esprit — d'effrayer son âme. »

   — En résumé : « L'abreuver de dégoûts,
» — diviser son conseil — l'isoler — l'effrayer
» — redoubler l'ardeur féroce du bon Albani
» — réveiller l'appétit des *Sanfédistes* (1) —

(1) Le pape Grégoire XVI venait à peine de monter sur
le trône pontifical, quand il apprit la révolte de Bologne.
Son premier mouvement fut d'appeler les Autrichiens et
d'exciter les *Sanfédistes*. — Le cardinal Albani battit les
libéraux à Césène, ses soldats pillèrent les églises, — sacca-
gèrent la ville, — violèrent les femmes. — *A Forli* les
bandes commirent des assassinats de sang-froid. — En 1832,
les *Sanfédistes* se montrèrent au grand jour avec des mé-
dailles à l'effigie du duc de Modène et du Saint-Père, des
lettres patentes au nom de la congrégation apostolique, des
priviléges et des indulgences. Les *Sanfédistes* prêtaient
littéralement le serment suivant : — *Je jure d'élever le
trône et l'autel sur les os des infâmes libéraux, et de les
exterminer sans pitié pour les cris des enfants, et les larmes des vieillards et des femmes.* — Les désordres commis par ces brigands passaient toutes les limites ; la cour
de Rome régularisait l'anarchie, organisait les *Sanfédistes*
en corps de volontaires auxquels elle accordait de nouveaux
priviléges.

(*La Révolution et les Révolutionnaires en Italie.* —
Revue des Deux-Mondes, 15 novembre 1844.)

20.

» leur donner des libéraux à leur faim — pil-
» lage — viol — massacre comme à Césène —
» vraie marée montante de sang carbonaro
» — *l'homme faible* en aura le déboire —
» tant de tueries en son nom!!! — il recu-
» lera... il reculera... — chacun de ses jours
» aura son remords — chaque nuit sa terreur
» — chaque minute son angoisse. — Et l'ab-
» dication dont il menace déjà viendra enfin
» — peut-être trop tôt. — C'est le seul dan-
» ger à présent ; — à vous d'y pourvoir.

» En cas d'abdication... le grand-péniten-
» cier m'a compris. — Au lieu de confier à
» un *général* le commandement de notre or-
» dre, la meilleure milice du saint-siége, je la
» commande moi-même. — Dès lors cette mi-
» lice ne m'inquiète plus : — exemple... les
» janissaires et les gardes prétoriennes, tou-
» jours funestes à l'autorité ; — pourquoi? —
» parce qu'ils ont pu s'organiser comme dé-
» fenseurs du pouvoir en dehors du pouvoir
» — de là, leur puissance d'intimidation.

» Clément XIV? un niais — Flétrir, abolir
» notre compagnie, faute absurde. — La dé-
» fendre — l'innocenter — s'en déclarer le

» général — voilà ce qu'il devait faire. — La
» compagnie, alors à sa merci, consentait à
» tout; — il nous absorbait, — nous inféo-
» dait au saint-siége, qui n'avait plus à re-
» douter... *nos services!!!* — Clément XIV est
» mort de la colique. — A bon entendeur,
» salut. — Le *cas échéant*, je ne mourrai pas
» de cette mort. »

La voix vibrante et perlée de Rose-Pompon
retentit de nouveau.

Rodin fit un bond de colère sur sa chaise;
mais bientôt, et à mesure qu'il entendit le
couplet suivant qu'il ne connaissait pas (il ne
possédait pas son *Béranger* comme la *veuve*
de Philémon), le jésuite, accessible à certai-
nes idées bizarrement superstitieuses, resta
interdit, presque effrayé de ce singulier rap-
prochement. (C'est *le bon pape* de Béranger
qui parle :)

> Que sont les rois ? de sots belîtres !
> Ou des brigands, qui, gros d'orgueil,
> Donnant leurs crimes pour des titres,
> Entre eux se poussent au cercueil.
> A prix d'or je puis les absoudre
> Ou changer leur sceptre en bourdon.

Ma dondon,
Riez donc,
Sautez donc !
Regardez-moi lancer la foudre,
Jupin m'a fait son héritier,
Je suis entier.

Rodin, à demi levé de sa chaise, le cou tendu, l'œil fixe, écoutait encore, que Rose-Pompon, voltigeant comme une abeille d'une fleur à l'autre de son répertoire, chantonnait déjà le ravissant refrain de *Colibri*.

N'entendant plus rien, le jésuite se rassit avec une sorte de stupeur ; mais, au bout de quelques minutes de réflexion, sa figure rayonna tout à coup : il voyait un heureux présage dans ce singulier incident.

Il reprit sa plume, et ses premiers mots se ressentirent pour ainsi dire de cette étrange confiance dans la fatalité.

« — Jamais je n'ai cru plus au bon succès » qu'en ce moment. Raison de plus pour ne » rien négliger. — Tout pressentiment com-» mande un redoublement de zèle. — Une » nouvelle pensée m'est venue hier.

» — On agira ici de concert. — J'ai fondé

» un journal ultra-catholique : *l'Amour du*
» *prochain.* — A sa furie ultramontaine —
» tyra nnique — liberticide — on le croira
» l'organe de Rome. — J'accréditerai ces
» bruits. — Nouvelles furies.

   » — Cela me va.

   » — Je vais soulever la question de liberté
» d'enseignement; — les libéraux du cru
» nous appuieront. — Niais, ils nous admet-
» tent au droit commun, quand nos privi-
» léges, nos immunités, notre influence de
» confessionnal, notre obédience à Rome nous
» mettent en dehors du droit commun même,
» par les avantages dont nous jouissons. —
» Doubles niais, ils nous croient désarmés
» parce qu'ils le sont eux-mêmes contre
» nous.

   » Question brûlante; — clameurs irri-
» tantes; — nouveaux dégoûts pour *l'homme*
» *faible.* — Tout ruisseau grossit le torrent.

   » — Cela me va toujours.

   » Pour résumer en deux mots : — *la fin,*
» c'est l'abdication. — Le *moyen*, harcelle-
» ment, torture incessante. — L'héritage

» Rennepont paye l'élection. — Prix faits —
» marchandise vendue. »

Rodin s'interrompit brusquement d'écrire,
croyant avoir entendu quelque bruit à la
porte de sa chambre qui ouvrait sur l'escalier, il prêta l'oreille, suspendit sa respiration;
tout redevint silencieux, il croyait s'être
trompé, et reprit la plume.

« Je me charge de l'affaire Rennepont —
» unique pivot de nos combinaisons *tempo-*
» *relles;* — il faut la reprendre en sous-œu-
» vre — substituer le jeu des intérêts, le
» ressort des passions, aux stupides coups de
» massue du P. d'Aigrigny; — il a failli tout
» compromettre; — il a pourtant de très-
» bonnes parties — il a du monde — de la
» séduction — du coup d'œil — mais une
» seule gamme — et puis pas assez grand
» pour savoir se faire petit. — Dans son vrai
» milieu, j'en tirerai parti — les morceaux
» en sont bons. — J'ai usé à temps du franc
» pouvoir du R. P. G.; — j'apprendrai, si
» besoin est, au P. d'Aigrigny, les engage-
» ments secrets pris envers moi par le géné-
» ral; — jusqu'ici on lui a laissé forger pour

» cet héritage, la destination que vous savez
» — bonne pensée — mais inopportune —
» même but, par autre voie.

  » Les renseignements ; faux. — il y a
» plus de 200 millions; l'*éventualité échéant,*
» le douteux est certain — reste une latitude
» immense. — L'affaire Rennepont est à
» cette heure deux fois mienne — avant
» trois mois ces 200 millions seront *à nous*
» — par la libre volonté des héritiers ; — il
» le faut. — Car ceci manquant — le parti
» *temporel* m'échappe — mes chances dimi-
» nuent de moitié. — J'ai demandé pleins
» pouvoirs ; — le temps presse, j'agis comme
» si je les avais. — Un renseignement m'est
» indispensable pour mes projets ; — je l'at-
» tends de vous ; — *il me le faut* — vous m'en-
» tendez ? — la haute influence de votre
» frère à la cour de Vienne vous servira. —
» Je veux avoir les détails les plus précis sur
» la position actuelle du *duc de Reichstadt* —
» le Napoléon II des impérialistes. — Peut-
» on, oui ou non, nouer, par votre frère, une
» correspondance secrète avec le prince à
» l'insu de son entourage ?

» Avisez promptement — ceci est urgent
» — cette note part aujourd'hui — je la
compléterai demain... — Elle vous parvien-
dra, comme toujours, par le petit mar-
» chand. »

Au moment où Rodin venait de mettre et
de cacheter cette lettre sous une double enveloppe, il crut de nouveau entendre du bruit
au dehors.

Il écouta.

Au bout de quelques moments de silence,
plusieurs coups frappés à sa porte retentirent
dans la chambre.

Rodin tressaillit : pour la première fois
'on heurtait à sa porte depuis près d'une
année qu'il venait dans ce logis.

Serrant précipitamment dans la poche de
sa redingote la lettre qu'il venait d'écrire, le
jésuite alla ouvrir la vieille malle cachée sous
le lit de sangle, y prit un paquet de papiers
enveloppé d'un mouchoir à tabac en lam-
beaux, joignit à ce dossier les deux lettres
chiffrées qu'il venait de recevoir, et cadenassa
soigneusement la malle.

L'on continuait de frapper au dehors avec un redoublement d'impatience.

Rodin prit le panier de la fruitière à la main, son parapluie sous son bras, et, assez inquiet, alla voir quel était cet indiscret visiteur.

Il ouvrit la porte et se trouva en face de Rose-Pompon, la chanteuse importune, qui, faisant une accorte et gentille révérence, lui demanda d'un air parfaitement ingénu :

— Monsieur Rodin, s'il vous plaît?

CHAPITRE XV.

UN SERVICE D'AMI.

Rodin, malgré sa surprise et son inquiétude, ne sourcilla pas; il commença par fermer sa porte après soi, remarquant le coup-d'œil curieux de la jeune fille; puis il lui dit avec bonhomie :

— Qui demandez-vous, ma chère fille?

— Monsieur Rodin.

Reprit crânement Rose-Pompon, en ouvrant ses jolis yeux bleus de toute leur grandeur, et regardant Rodin bien en face.

— Ce n'est pas ici... — dit-il en faisant un pas pour descendre. — Je ne connais pas...

— Voyez plus haut ou plus bas.

— Oh ! que c'est joli ! Voyons... faites donc le gentil, à votre âge? — dit Rose-Pompon en haussant les épaules — comme si on ne savait pas que c'est vous qui vous appelez M. Rodin.

— Charlemagne — dit le *socius* en s'inclinant — Charlemagne, pour vous servir, si j'en étais capable.

— Vous n'en êtes pas capable — répondit Rose-Pompon d'un ton majestueux, et elle ajouta d'un air narquois : — Nous avons donc des cachettes à la Minon-Minette? que nous changeons de nom... Nous avons peur que maman Rodin nous espionne.

— Tenez, ma chère fille — dit le *socius* en souriant d'un air paterne — vous vous adressez bien : je suis un vieux bonhomme qui aime la jeunesse... la joyeuse jeunesse... Ainsi, amusez-vous, même à mes dépens... mais laissez-moi passer, car l'heure me presse...

Et Rodin fit de nouveau un pas vers l'escalier.

— Monsieur Rodin — dit Rose-Pompon d'une voix solennelle — j'ai des choses très-importantes à vous communiquer, des con-

seils à vous demander sur une affaire de
cœur...

— Ah çà ! voyons, petite folle, vous n'avez
donc personne à tourmenter dans votre maison, que vous venez dans celle-ci?

— Mais je loge ici, monsieur Rodin — répondit Rose-Pompon en appuyant malicieu-
sement sur le *nom* de sa victime.

— Vous? ah! bah! j'ignorais un si joli voi-
sinage.

— Oui... je loge ici depuis six mois, monsieur Rodin.

— Vraiment! et où donc?

— Au troisième, dans le bâtiment du devant, monsieur Rodin.

— C'est donc vous qui chantiez si bien
tout à l'heure?

— Moi-même, monsieur Rodin.

— Vous m'avez fait le plus grand plaisir,
en vérité.

— Vous êtes bien honnête, monsieur
Rodin.

— Et vous logez avec votre respectable famille, je suppose.

— Je crois bien, monsieur Rodin — dit

Rose-Pompon en baissant les yeux d'un air
ingénu; — j'habite avec grand-papa Philémon et grand'-maman Bacchanal... une reine,
rien que ça.

Rodin avait été jusqu'alors assez gravement
inquiet, ignorant de quelle manière Rose-
Pompon avait surpris son véritable nom;
mais en attendant nommer la reine Bacchanal et en apprenant qu'elle logeait dans cette
maison, il trouva une compensation à l'incident désagréable soulevé par l'apparition de
Rose-Pompon; il importait en effet beaucoup
à Rodin de savoir où trouver la reine Bacchanal, maîtresse de Couche-tout-Nu et sœur de
la Mayeux, de la Mayeux signalée comme
dangereuse depuis son entretien avec la supérieure du couvent, et depuis la part qu'elle
avait prise aux projets de fuite de mademoiselle de Cardoville. De plus, Rodin espérait,
grâce à ce qu'il venait d'apprendre, amener
adroitement Rose-Pompon à lui confesser le
nom de la personne dont elle tenait que
M. Charlemagne s'appelait M. Rodin.

A peine la jeune fille eut-elle prononcé le
nom de la reine Bacchanal, que Rodin joignit

les mains, paraissant aussi surpris que vivement intéressé.

— Ah! ma chère fille — s'écria-t-il — je
vous en conjure, ne plaisantons pas... S'agi-
rait-il, par hasard, d'une jeune fille qui porte
ce surnom et qui est sœur d'une ouvrière
contrefaite?...

— Oui, monsieur, la reine Bacchanal
est son surnom — dit Rose-Pompon assez
étonnée à son tour; — elle s'appelle Céphyse
Soliveau, c'est mon amie.

— Ah! c'est votre amie? — dit Rodin en
réfléchissant.

— Oui, monsieur, mon amie intime...

— Et vous l'aimez?

— Comme une sœur... Pauvre fille! je fais
ce que je peux pour elle! et ce n'est guère...
Mais comment un respectable homme de votre âge connaît-il la reine Bacchanal?... Ah!
ah! c'est ce qui prouve que vous portez des
faux noms...

— Ma chère fille! je n'ai plus envie de rire
maintenant — dit si tristement Rodin, que
Rose-Pompon, se reprochant sa plaisanterie,
lui dit :

— Mais enfin, comment connaissez-vous Céphyse?

— Hélas! ce n'est pas elle que je connais... mais un brave garçon qui l'aime comme un fou!...

— Jacques Rennepont?...

— Autrement dit Couche-tout-Nu... A cette heure, il est en prison pour dettes — reprit Rodin avec un soupir. — Je l'y ai vu hier.

— Vous l'avez vu hier? Mais, comme ça se trouve! —dit Rose-Pompon en frappant dans ses mains. — Alors, venez vite, venez tout de suite chez Philémon, vous donnerez à Céphyse des nouvelles de son amant;... elle est si inquiète!...

— Ma chère fille,... je ne voudrais lui donner que de bonnes nouvelles de ce digne garçon, que j'aime malgré ses folies (car, qui n'en a pas fait... des folies? — ajouta Rodin avec une indulgente bonhomie).

— Pardieu... — dit Rose-Pompon en se balançant sur ses hanches comme si elle eût été encore costumée en débardeur.

— Je dirai plus — ajouta Rodin — je l'aime

à cause de ses folies ; car, voyez-vous, on a beau dire, ma chère fille, il y a toujours un bon fond, un bon cœur, quelque chose enfin, chez ceux qui dépensent généreusement leur argent pour les autres.

— Eh bien ! tenez, vous êtes un très-brave homme, vous ! — dit Rose-Pompon enchantée de la philosophie de Rodin. — Mais pourquoi ne voulez-vous pas venir voir Céphyse pour lui parler de Jacques ?

— A quoi bon lui apprendre ce qu'elle sait ? Que Jacques est en prison ?... Ce que je voudrais, moi, ce serait tirer ce pauvre garçon d'un si mauvais pas...

— Oh ! monsieur, faites cela, tirez Jacques de prison — s'écria vivement Rose-Pompon — et nous vous embrassons, nous deux Céphyse.

— Ce serait du bien perdu, chère petite folle — dit Rodin en souriant ; — mais rassurez-vous, je n'ai pas besoin de récompense pour faire un peu de bien, quand je le puis.

— Ainsi vous espérez tirer Jacques de prison...

21.

Rodin secoua la tête et reprit d'un air chagrin et contrarié :

— Je l'espérais... Certainement... je l'espérais;... mais, à cette heure... que voulez-vous? tout est changé...

— Et pourquoi donc? — demanda Rose-Pompon surprise.

— Cette mauvaise plaisanterie que vous me faites en m'appelant M. Rodin, doit vous paraître très-amusante, ma chère fille; je le comprends : vous n'êtes en cela qu'un écho... Quelqu'un vous aura dit : Allez dire à M. Charlemagne qu'il s'appelle M. Rodin... ça sera fort drôle...

— Bien sûr qu'il ne me fût pas venu à l'idée de vous appeler monsieur Rodin, on n'invente pas un nom comme celui-là soi-même, — répondit Rose-Pompon.

— Eh bien! cette personne, avec ses mauvaises plaisanteries, a fait, sans le savoir, un grand tort au pauvre Jacques Rennepont.

— Ah! mon Dieu! et cela parce que je vous ai appelé M. Rodin au lieu de M. Charlemagne!

S'écria Rose-Pompon tout attristée, regrettant alors la plaisanterie qu'elle avait faite à l'instigation de Nini-Moulin:

— Mais enfin, monsieur, reprit-elle — qu'est-ce que cette plaisanterie a de commun avec le service que vous vouliez rendre à Jacques?

— Il ne m'est pas permis de vous le dire, ma chère fille. En vérité,... je suis désolé de tout ceci pour le pauvre Jacques... croyez-le bien; mais permettez-moi de descendre.

— Monsieur... écoutez-moi, je vous en prie — dit Rose-Pompon — si je vous disais le nom de la personne qui m'a engagée à vous appeler M. Rodin, vous intéresseriez-vous toujours à Jacques?

— Je ne cherche à surprendre les secrets de personne... ma chère fille;... vous avez été dans tout ceci le jouet ou l'écho de personnes peut-être fort dangereuses, et, ma foi! malgré l'intérêt que m'inspire Jacques Rennepont, je n'ai pas envie, vous entendez bien, de me faire des ennemis, moi, pauvre homme... Dieu m'en garde!

Rose-Pompon ne comprenait rien aux craintes de Rodin, et il y comptait bien; car, après une seconde de réflexion, la jeune fille lui dit :

— Tenez, monsieur, c'est trop fort pour moi, je n'y entends rien; mais ce que je sais, c'est que je serais désolée d'avoir fait tort à un brave garçon par une plaisanterie; je vais donc vous dire tout bonnement ce qui en est; ma franchise sera peut-être utile à quelque chose...

— La franchise éclaire souvent les choses les plus obscures — dit sentencieusement Rodin.

— Après tout — dit Rose-Pompon — tant pis pour Nini-Moulin. Pourquoi me fait-il dire des bêtises qui peuvent nuire à l'amant de cette pauvre Céphyse? Voilà, monsieur, ce qui est arrivé : Nini-Moulin, un gros farceur, vous a vu tout à l'heure dans la rue; la portière lui a dit que vous vous appeliez M. Charlemagne. Il m'a dit, à moi : Non, il s'appelle Rodin, il faut lui faire une farce : Rose-Pompon, allez à sa porte, frappez-y, appelez-le M. Rodin. Vous verrez la drôle de figure qu'il fera...... J'avais promis à Nini-Moulin de ne pas le nommer; mais, dès que çà pourrait risquer de nuire à Jacques... tant pis, je le nomme.

Au nom de Nini-Moulin, Rodin n'avait pu retenir un mouvement de surprise. Ce pamphlétaire, qu'il avait fait charger de la rédaction de l'*Amour du Prochain*, n'était pas personnellement à craindre ; mais Nini-Moulin, très-bavard et très-expansif après boire, pouvait être inquiétant, gênant, surtout si Rodin, ainsi que cela était probable, devait revenir plusieurs fois dans cette maison pour exécuter ses projets sur Couche-tout-Nu, par l'intermédiaire de la reine Bacchanal. — Le *socius* se promit donc d'aviser à cet inconvénient.

— Ainsi, ma chère fille — dit-il à Rose-Pompon : — c'est un monsieur Desmoulins qui vous a engagée à me faire cette mauvaise plaisanterie ?

— Non pas Desmoulins... mais Dumoulin — reprit Rose-Pompon. — Il écrit dans les journaux de sacristains, et il défend les dévots pour l'argent qu'on lui donne ; car si Nini-Moulin est un saint... ses patrons sont *saint Soiffard* et *saint Chicard*, comme il dit lui-même.

— Ce monsieur me paraît fort gai.

— Oh ! très-bon enfant !

— Mais attendez donc, attendez donc — reprit Rodin en paraissant rappeler ses souvenirs ; — n'est-ce pas un homme de trente-six à quarante ans, gros..... la figure colorée?

— Colorée comme un verre de vin rouge — dit Rose-Pompon — et par là-dessus le nez bourgeonné... comme une framboise...

— C'est bien lui... monsieur Dumoulin.... oh ! alors vous me rassurez complétement, ma chère fille ; la plaisanterie ne m'inquiète plus guère : mais c'est un très-digne homme que M. Dumoulin, aimant peut-être un peu trop le plaisir.

— Ainsi, monsieur, vous tâcherez toujours d'être utile à Jacques ? La bête de plaisanterie de Nini-Moulin ne vous en empêchera pas?

— Non, je l'espère.

— Ah, çà ! il ne faudra pas que je dise à Nini-Moulin que vous savez que c'est lui qui m'a dit de vous appeler M. Rodin, n'est-ce pas, monsieur?

— Pourquoi non? En toutes choses, ma chère fille, il faut toujours dire franchement la vérité.

— Mais, monsieur, Nini-Moulin m'a tant recommandé de ne pas vous le nommer....

— Si vous me l'avez nommé, c'est par un très-bon motif; pourquoi ne pas le lui avouer?... Du reste, ma chère fille, ceci vous regarde et non pas moi... Faites comme vous voudrez.

— Et pourrai-je dire à Céphyse vos bonnes intentions pour Jacques?

— La franchise, ma chère fille, toujours la franchise... On ne risque jamais rien de dire ce qui est...

— Pauvre Céphyse, va-t-elle être heureuse!.. — dit vivement Rose-Pompon — et cela lui viendra bien à propos...

— Seulement il ne faut pas qu'elle s'exagère trop ce bonheur... je ne promets pas positivement... de faire sortir ce digne garçon de prison;... je dis que je tâcherai;... mais ce que je promets positivement... car depuis

l'emprisonnement de Jacques, je crois votre
amie dans une position bien gênée...

— Hélas... monsieur...

— Ce que je promets, dis-je, c'est un petit
secours... que votre amie recevra aujour-
d'hui, afin qu'elle ait le moyen de vivre hon-
nêtement... et si elle est sage, eh bien!... si
elle est sage, plus tard, on verra...

— Ah, monsieur! vous ne savez pas comme
vous venez à temps... au secours de cette
pauvre Céphyse... On dirait que vous êtes
son vrai bon ange... Ma foi, que vous vous
appeliez M. Rodin ou M. Charlemagne, tout
ce que je puis jurer, c'est que vous êtes un
excellent...

— Allons, allons, n'exagérons rien — dit
Rodin en interrompant Rose-Pompon — dites
un bon vieux brave homme et rien de plus,
ma chère fille. Mais voyez donc comme les
choses s'enchaînent quelquefois! Je vous demande un peu qui m'aurait dit, lorsque
j'entendais frapper à ma porte, ce qui m'im-
patientait fort, je l'avoue, qui m'aurait dit
que c'était une petite voisine qui, sous le prétexte d'une mauvaise plaisanterie, me mettait

sur la voie d'une bonne action?... Allons,
donnez courage à votre amie... ce soir, elle
recevra un secours, et ma foi, confiance et
espoir. Dieu merci! il est encore de bonnes
gens sur la terre.

— Ah, monsieur!... vous le prouvez bien.

— Que voulez-vous, c'est tout simple; le
bonheur des vieux... c'est de voir le bonheur
des jeunes...

Ceci fut dit par Rodin avec une bonhomie
si parfaite, que Rose-Pompon sentit ses yeux
humides, et reprit tout émue :

— Tenez, monsieur, Céphyse et moi nous
ne sommes que de pauvres filles; il y en a
de plus vertueuses, c'est encore vrai; mais
nous avons, j'ose le dire, bon cœur; aussi
voyez-vous, si jamais vous étiez malade, ap-
pelez-nous; il n'y a pas de bonnes sœurs qui
vous soigneraient mieux que nous... C'est tout
ce que nous pouvons vous offrir; sans compter Philémon, que je ferais se scier en quatre
morceaux pour vous: je m'y engage sur l'honneur; comme Céphyse, j'en suis sûre, s'en-
gagerait aussi pour Jacques, qui serait pour
vous à la vie, à la mort.

— Vous voyez donc bien, chère fille, que j'avais raison de dire : tête folle, bon cœur... Adieu et au revoir.

Puis, Rodin, reprenant son panier, qu'il avait posé à terre à côté de son parapluie, se disposa à descendre l'escalier.

— D'abord, vous allez me donner ce panier-là, il vous gênerait pour descendre — dit Rose-Pompon en retirant en effet le panier des mains de Rodin, malgré la résistance de celui-ci. Puis elle ajouta :

— Appuyez-vous sur mon bras ; l'escalier est si noir... vous pourriez faire un faux pas.

— Ma foi, j'accepte votre offre, ma chère fille, car je ne suis pas bien vaillant.

Et, s'appuyant paternellement sur le bras droit de Rose-Pompon, qui portait le panier de la main gauche, Rodin descendit l'escalier et traversa la cour.

— Tenez, voyez-vous là-haut, au troisième, cette grosse face collée aux carreaux — dit tout à coup Rose-Pompon à Rodin en s'arrêtant au milieu de la petite cour — c'est Nini-Moulin... Le reconnaissez-vous ?... Est-ce bien le vôtre ?

— C'est le mien.

Dit Rodin après avoir levé la tête, et il fit de la main un salut très-affectueux à Jacques Dumoulin, qui, stupéfait, se retira brusquement de la fenêtre.

— Le pauvre garçon!... Je suis sûr qu'il a peur de moi... depuis sa mauvaise plaisanterie — dit Rodin en souriant — il a bien tort...

Et il accompagna les mots *il a bien tort* d'un sinistre pincement des lèvres dont Rose-Pompon ne put s'apercevoir.

— Ah çà! ma chère fille — lui dit-il lorsque tous deux entrèrent dans l'allée — je n'ai plus besoin de votre aide, remontez vite chez votre amie, lui donner les bonnes nouvelles que vous savez.

— Oui, monsieur, vous avez raison, car je grille d'aller lui dire quel brave homme vous êtes!

Et Rose-Pompon s'élança dans l'escalier.

— Eh bien!... eh bien!... et mon panier qu'elle emporte, cette petite folle! — dit Rodin.

— Ah! c'est vrai... Pardon, monsieur, le voici... Pauvre Céphyse! va-t-elle être contente! Adieu, monsieur.

Et la gentille figure de Rose-Pompon disparut dans les limbes de l'escalier, qu'elle gravit d'un pied alerte et impatient.

Rodin sortit de l'allée.

— Voici votre panier, chère dame — dit-il en s'arrêtant sur le seuil de la boutique de la mère Arsène. — Je vous fais mes très-humbles remercîments... de votre obligeance...

— Il n'y a pas de quoi, mon digne monsieur; c'est tout à votre service... Eh bien, le radis était-il bon?

— Succulent, ma chère dame, succulent et excellent.

— Ah! j'en suis bien aise. Vous reverra-t-on bientôt?

— J'espère que oui... Mais pourriez-vous m'indiquer un bureau de poste voisin?

— En détournant la rue à gauche, la troisième maison, chez l'épicier.

— Mille remercîments.

— Je parie que c'est un billet doux pour

votre bonne amie — dit la mère Arsène probablement mise en gaîté par le contact de Rose-Pompon et de Nini-Moulin.

— Eh!... eh!... eh!... cette chère dame — dit Rodin en ricanant; puis, redevenant tout à coup parfaitement sérieux, il fit un profond salut à la fruitière en lui disant :

— Votre serviteur de tout mon cœur...

Et il gagna la rue.

. . . .

Nous conduirons maintenant le lecteur dans la maison du docteur Baleinier, où était encore enfermée mademoiselle de Cardoville.

CHAPITRE XVI.

LES CONSEILS.

Adrienne de Cardoville avait été encore plus étroitement renfermée dans la maison du docteur Baleinier, depuis la double tentative nocturne d'Agricol et de Dagobert ensuite de laquelle le soldat, assez grièvement blessé, était parvenu, grâce au dévouement intrépide d'Agricol assisté de l'héroïque Rabat-Joie, à regagner la petite porte du jardin du couvent et à fuir par le boulevard extérieur avec le jeune forgeron.

Quatre heures venaient de sonner; Adrienne, depuis le jour précédent, avait été con-

duite dans une chambre du deuxième étage
de la maison de santé ; la fenêtre grillée, dé-
fendue au dehors par un auvent, ne laissait
parvenir qu'une faible clarté dans cet appartement.

La jeune fille, depuis son entretien avec la
Mayeux, s'attendait à être délivrée, d'un jour
à l'autre, par l'intervention de ses amis ; mais
elle éprouvait une douloureuse inquiétude
au sujet d'Agricol et de Dagobert ; ignorant
absolument l'issue de la lutte engagée pendant
une des nuits précédentes par ses libérateurs
contre les gens de la maison de fous et ceux
du couvent, en vain elle avait interrogé ses
gardiennes ; celles-ci étaient restées muette.

Ces nouveaux incidents augmentaient encore les amers ressentiments d'Adrienne contre la princesse de Saint-Dizier, le P. d'Aigrigny et leurs créatures.

La légère pâleur du charmant visage de
mademoiselle de Cardoville, ses beaux yeux
un peu battus, trahissaient de récentes angoisses ; assise devant une petite table, son
front appuyé sur une de ses mains, à demi

voilée par les longues boucles de ses cheveux dorés, elle feuilletait un livre.

Tout à coup la porte s'ouvrit et M. Baleinier entra.

Le docteur, jésuite de robe courte, instrument docile et passif des volontés de l'ordre, n'était, on l'a dit, qu'à moitié dans les confidences du P. d'Aigrigny et de la princesse de Saint-Dizier. Il avait ignoré le but de la séquestration de mademoiselle de Cardoville; il ignorait aussi le brusque revirement de position qui avait eu lieu la veille, entre le P. d'Aigrigny et Rodin, après la lecture du testament de Marius de Rennepont ; le docteur avait, seulement la veille, reçu l'ordre du P. d'Aigrigny (alors obéissant aux inspirations de Rodin), de resserrer plus étroitement encore mademoiselle de Cardoville, de redoubler de sévérité à son égard, et de tâcher enfin de la contraindre, on verra par quels moyens, à renoncer aux poursuites qu'elle se proposait de faire plus tard contre ses persécuteurs.

A l'aspect du docteur, mademoiselle de Cardoville ne put cacher l'aversion et le dédain que cet homme lui inspirait.

22.

M. Baleinier, au contraire, toujours souriant, toujours doucereux, s'approcha d'A-
drienne avec une aisance, avec une confiance
parfaite, s'arrêta à quelques pas d'elle, comme
pour examiner attentivement les traits de la
jeune fille, puis il ajouta, comme s'il eût été
satisfait des remarques qu'il venait de faire :

— Allons ! les malheureux événements de
l'avant-dernière nuit auront une influence
moins fâcheuse que je ne le craignais... Il y a
du mieux, le teint est plus reposé, le main-
tien plus calme, les yeux sont encore un peu
vifs, mais non plus brillants d'un éclat anor-
mal. Vous alliez si bien !... Voici le terme de
votre guérison reculé,... car ce qui s'est malheureusement passé l'avant-dernière nuit
vous a jetée dans une exaltation d'autant plus
fâcheuse que vous n'en avez pas eu la conscience. Mais heureusement, nos soins ai-
dant, votre guérison ne sera, je l'espère, re-
culée que de quelque temps.

Si habituée qu'elle fût à l'audace de l'affilié
de la congrégation, mademoiselle de Cardoville ne put s'empêcher de lui dire avec un
sourire de dédain amer :

— Quelle impudente probité est donc la vôtre, monsieur! Quelle effronterie dans votre zèle à bien gagner votre argent!... Jamais un moment sans votre masque : toujours la ruse, le mensonge aux lèvres. Vraiment, si cette honteuse comédie vous fatigue autant qu'elle me cause de dégoût et de mépris, on ne vous paye pas assez cher.

— Hélas! — dit le docteur d'un ton pénétré — toujours cette fâcheuse imagination de croire que vous n'aviez pas besoin de nos soins! que je joue la comédie quand je vous parle de l'état affligeant où vous étiez, lorsqu'on a été obligé de vous conduire ici à votre insu! Mais, sauf cette petite marque d'insanité rebelle, votre position s'est merveilleusement améliorée; vous marchez à une guérison complète. Plus tard, votre excellent cœur me rendra la justice qui m'est due, et un jour... je serai jugé comme je dois l'être.

— Je le crois, monsieur, oui, le jour approche où vous serez *jugé comme vous devez l'être* — dit Adrienne en appuyant sur ces mots.

— Toujours cette autre idée fixe — dit le docteur avec une sorte de commisération. —

Voyons, soyez donc raisonnable... Ne pensez
plus à cet enfantillage...

— Renoncer à demander aux tribunaux
réparation pour moi et flétrissure pour vous
et vos complices.... jamais, monsieur.... oh!
jamais.

— Bon!! — dit le docteur en haussant les
épaules — une fois dehors... Dieu merci! vous
aurez à songer à bien d'autres choses.... ma
belle ennemie.

— Vous oubliez pieusement, je le sais, le
mal que vous faites... Mais moi, monsieur,
j'ai meilleure mémoire.

— Parlons sérieusement : avez-vous réellement la pensée de vous adresser aux tribunaux? — reprit le docteur Baleinier d'un ton
grave.

— Oui, monsieur. Et vous le savez... ce que
je veux... je le veux fermement.

— Eh bien je vous prie, je vous conjure de
ne pas donner suite à cette idée — ajouta le
docteur d'un ton de plus en plus pénétré; —
je vous le demande en grâce, et cela au nom
de votre propre intérêt...

— Je crois, monsieur, que vous confondez un peu trop vos intérêts avec les miens...

— Voyons — dit le docteur Baleinier avec une feinte impatience et comme s'il eût été certain de convaincre à l'instant mademoiselle de Cardoville — voyons, auriez-vous le triste courage de plonger dans le désespoir deux personnes remplies de cœur et de générosité?

— Deux seulement? La plaisanterie serait plus complète si vous en comptiez trois : vous, monsieur, ma tante et l'abbé d'Aigrigny ;.... car telles sont, sans doute, les personnes généreuses au nom desquelles vous invoquez ma pitié.

—Eh, mademoiselle! il ne s'agit ni de moi, ni de votre tante, ni de l'abbé d'Aigrigny.

— De qui donc s'agit-il alors, monsieur? — dit mademoiselle de Cardoville avec surprise.

— Il s'agit de deux pauvres diables qui, sans doute envoyés par ceux que vous appelez vos amis, se sont introduits dans le couvent voisin pendant l'autre nuit, et sont venus du couvent dans ce jardin... Les coups de feu que vous avez entendus ont été tirés sur eux.

—Hélas! je m'en doutais... Et l'on a refusé

de m'apprendre s'ils avaient été blessés!.. —
dit Adrienne avec une douloureuse émotion.

— L'un d'eux a reçu, en effet, une blessure,
mais peu grave, puisqu'il a pu marcher et
échapper aux gens qui le poursuivaient.

— Dieu soit loué! s'écria mademoiselle de
Cardoville en joignant les mains avec ferveur.

— Rien de plus louable que votre joie en
apprenant qu'ils ont échappé; mais alors, par
quelle étrange contradiction voulez-vous donc
maintenant mettre la justice sur leurs traces?..
Singulière manière, en vérité, de reconnaître
leur dévouement.

— Que dites-vous, monsieur? — demanda
mademoiselle de Cardoville.

— Car enfin, s'ils sont arrêtés — reprit le
docteur Baleinier sans lui répondre, — comme
ils se sont rendus coupables d'escalade et d'ef-
fraction pendant la nuit, il s'agira pour eux
des galères...

— Ciel!.. et ce serait pour moi!...

— Ce serait *pour* vous... et, qui pis est, *par*
vous, qu'ils seront condamnés.

— Par moi,... monsieur?

— Certainement, si vous donniez suite à

vos idées de vengeance contre votre tante et
l'abbé d'Aigrigny (je ne vous parle pas de moi,
je suis à l'abri); si, en un mot, vous persistiez
à vouloir vous plaindre à la justice d'avoir été
injustement séquestrée dans cette maison.

— Monsieur, je ne vous comprends pas.
Expliquez-vous — dit Adrienne avec une inquiétude croissante.

— Mais, enfant que vous êtes — s'écria le
jésuite de robe courte d'un air convaincu,
croyez-vous donc qu'une fois la justice saisie
d'une affaire, on arrête son cours et son action où l'on veut, et comme l'on veut? Quand
vous sortirez d'ici vous déposerez une plainte
contre moi et contre votre famille, n'est-ce
pas? Bien! qu'arrive-t-il? La justice inter-
vient, elle s'informe, elle fait citer des té-
moins, elle entre dans les investigations les
plus minutieuses. Alors, que s'ensuit-il? Que
cette escalade nocturne que la supérieure du
couvent a un certain intérêt à tenir cachée
dans la peur du scandale; que cette tentative
nocturne, dis-je, que je ne voulais pas non
plus ébruiter, se trouve forcément divulguée,
et comme il s'agit d'un crime fort grave qui

entraîne une peine infamante, la justice
prend l'initiative, se met à la recherche de ces
malheureux, et si, comme il est probable, ils
sont retenus à Paris soit par quelques devoirs,
soit par leur profession, soit même par la
trompeuse sécurité où ils sont, probablement
convaincus d'avoir agi dans un motif honorable, on les arrête; et qui aura provoqué
cette arrestation? vous-même, en déposant
contre nous.

— Ah, monsieur! cela serait horrible...
c'est impossible.

— Ce serait très-possible — reprit M. Baleinier — ainsi, tandis que moi et la supérieure du couvent, qui, après tout, avons
seuls le droit de nous plaindre, nous ne de-
mandons pas mieux que de chercher à étouffer cette méchante affaire... c'est vous... vous...
pour qui ces malheureux ont risqué les galères, c'est vous qui allez les livrer à la justice.

Quoique mademoiselle de Cardoville ne fût
pas complétement dupe du jésuite de robe
courte, elle devinait que les sentiments de clé-
mence dont il semblait vouloir user à l'égard
de Dagobert et de son fils seraient absolument

subordonnés au parti qu'elle prendrait d'abandonner ou non la vengeance légitime qu'elle voulait demander à la justice...

En effet, Rodin, dont le docteur suivait sans le savoir les instructions, était trop adroit pour faire dire à mademoiselle de Cardoville : Si vous tentez quelques poursuites, on dénonce Dagobert et son fils ; tandis qu'on arrivait aux mêmes fins en inspirant assez de craintes à Adrienne au sujet de ses deux libérateurs pour la détourner de toute poursuite.

Sans connaître la disposition de la loi, mademoiselle de Cardoville avait trop de bon sens pour ne pas comprendre qu'en effet Dagobert et Agricol pouvaient être très-dangereusement inquiétés à cause de leur tentative nocturne, et se trouver ainsi dans une position terrible.

Et pourtant, en songeant à tout ce qu'elle avait souffert dans cette maison, en comptant tous les justes ressentiments qui s'étaient amassés au fond de son cœur, Adrienne trouvait cruel de renoncer à l'âpre plaisir de dévoiler, de flétrir au grand jour de si odieuses machinations.

Le docteur Baleinier observait celle qu'il croyait sa dupe, avec une attention sournoise, bien certain de savoir la cause du silence et de l'hésitation de mademoiselle de Cardoville.

— Mais enfin, monsieur — reprit-elle sans pouvoir dissimuler son trouble — en admettant que je sois disposée, par quelque motif que ce soit, à ne déposer aucune plainte, à oublier le mal qu'on m'a fait, quand sortirai-je d'ici?

— Je n'en sais rien, car je ne puis savoir à quelle époque vous serez radicalement guérie — dit bénignement le docteur. Vous êtes en excellente voie;... mais...

— Toujours cette insolente et stupide comédie — s'écria mademoiselle de Cardoville en interrompant le docteur avec indignation — je vous demande... et s'il le faut, je vous prie, de me dire combien de temps encore je dois être séquestrée dans cette horrible maison? car enfin... j'en sortirai un jour, je suppose.

—Certes, je l'espère bien — répondit le jésuite de robe courte avec componction ; —
mais quand? je l'ignore... D'ailleurs, je dois
vous en avertir franchement, toutes les précautions sont prises pour que des tentatives
pareilles à celle de cette nuit ne se renouvel-
lent plus :... la surveillance la plus rigoureuse
est établie afin que vous n'ayez aucune com-
munication au dehors. Et cela dans votre intérêt, afin que votre pauvre tête ne s'exalte
pas de nouveau dangereusement.

— Ainsi, monsieur — dit Adrienne presque effrayée — auprès de ce qui m'attend, les
jours passés étaient des jours de liberté.

— Votre intérêt avant tout — répondit le
docteur d'un ton pénétré.

Mademoiselle de Cardoville, sentant l'im-
puissance de son indignation et de son désespoir, poussa un soupir déchirant et cacha
son visage dans ses mains.

A ce moment, on entendit des pas préci-
pités derrière la porte, une gardienne de la
maison entra après avoir frappé.

— Monsieur — dit-elle au docteur d'un
air effaré — il y a en bas deux messieurs qui

demandent à vous voir à l'instant, ainsi que
mademoiselle.

Adrienne releva vivement la tête; ses yeux
étaient baignés de larmes.

— Quel est le nom des personnes? — dit
M. Baleinier fort étonné.

— L'un d'eux m'a dit — reprit la gardienne :—Allez prévenir monsieur le docteur
que je suis magistrat, et que je viens exercer
ici une mission judiciaire concernant mademoiselle de Cardoville.

— Un magistrat! — s'écria le jésuite de
robe courte en devenant pourpre et ne
pouvant maîtriser sa surprise et son inquiétude.

— Ah! Dieu soit loué!—s'écria Adrienne
en se levant avec vivacité, la figure rayon-
nant d'espérance à travers ses larmes ; — mes
amis ont été prévenus à temps!... l'heure de
la justice est arrivée!

— Priez ces personnes de monter — dit le
docteur Baleinier à la gardienne après un
moment de réflexion.

Puis, la physionomie de plus en plus
émue et inquiète, se rapprochant d'Adrienne

d'un air dur, presque menaçant, qui con-
trastait avec la placidité habituelle de son
sourire hypocrite, le jésuite de robe courte
lui dit à voix basse :

— Prenez garde.... mademoiselle!.... ne
vous félicitez pas trop tôt!...

— Je ne vous crains plus maintenant! —
répondit mademoiselle de Cardoville l'œil
brillant et radieux. — M. de Montbron aura
sans doute, de retour à Paris, été prévenu à
temps;... il accompagne le magistrat... il vient
me délivrer!...

Puis Adrienne ajouta avec un accent d'i-
ronie amère :

— Je vous plains, monsieur..., vous et les
vôtres.

— Mademoiselle — s'écria M. Baleinier
ne pouvant plus dissimuler ses angoisses
croissantes—je vous le répète, prenez garde...
songez à ce que je vous ai dit... votre plainte
entraînera nécessairement... vous entendez,
nécessairement, la révélation de ce qui s'est
passé pendant l'autre nuit... Prenez garde!
le sort, l'honneur de ce soldat et de son fils

sont entre vos mains..... Songez-y..... il y va
pour eux des galères.

— Oh! je ne suis pas votre dupe, monsieur.... vous me faites une menace détour-
née ; ayez donc au moins le courage de me
dire que si je me plains à ce magistrat....
vous dénoncerez à l'instant le soldat et son
fils.

— Je vous répète que si vous portez plainte,
ces gens-là sont perdus — répondit le jésuite
de robe courte d'une manière ambiguë.

Ébranlée par ce qu'il y avait de réellement dangereux dans les menaces du docteur, Adrienne s'écria :

— Mais enfin, monsieur, si ce magistrat
m'interroge, croyez-vous que je mentirai?

— Vous répondrez....... ce qui est vrai.
D'ailleurs, se hâta de dire M. Baleinier dans
l'espoir d'arriver à ses fins — vous répondrez
que vous vous trouviez dans un tel état
d'exaltation d'esprit, il y a quelques jours,
que l'on a cru devoir, dans votre intérêt, vous
conduire ici à votre insu ; mais qu'aujour-
d'hui votre état est fort amélioré, que vous
reconnaissez l'utilité de la mesure que l'on a

été obligé de prendre dans votre intérêt. Je confirmerai ces paroles... car, après tout, c'est la vérité.

— Jamais! — s'écria mademoiselle de Cardoville avec indignation — jamais je ne serai complice d'un mensonge aussi infâme, jamais je n'aurai la lâcheté de justifier ainsi les indignités dont j'ai tant souffert.

— Voici le magistrat — dit M. Baleinier en entendant un bruit de pas derrière la porte. — Prenez garde...

En effet, la porte s'ouvrit et, à la stupeur indicible du docteur, Rodin parut, accompagné d'un homme vêtu de noir, d'une physionomie digne et sévère.

Rodin, dans l'intérêt de ses projets et par des motifs de prudence rusée, que l'on saura plus tard, loin de prévenir le P. d'Aigrigny et conséquemment le docteur de la visite inattendue qu'il comptait faire à la maison de santé avec un magistrat, avait, au contraire, la veille, ainsi qu'on l'a dit, fait donner l'ordre à M. Baleinier de resserrer mademoiselle de Cardoville plus étroitement encore.

On comprend donc le redoublement de stupeur du docteur lorsqu'il vit cet officier judiciaire, dont la présence imprévue et la physionomie imposante l'inquiétaient déjà extrêmement, lorsqu'il le vit, disons-nous, entrer accompagné de Rodin, l'humble et obscur secrétaire de l'abbé d'Aigrigny.

Dès la porte, Rodin, toujours sordidement vêtu, avait, d'un geste à la fois respectueux et compatissant, montré mademoiselle de Cardoville au magistrat. Puis, pendant que ce dernier, qui n'avait pu retenir un mouvement d'admiration à la vue de la rare beauté d'Adrienne, semblait l'examiner avec autant de surprise que d'intérêt, le jésuite se recula modestement de quelques pas en arrière.

Le docteur Baleinier, au comble de l'étonnement, espérant se faire comprendre de Rodin, lui fit coup sur coup plusieurs signes d'intelligence, tâchant de l'interroger ainsi sur l'arrivée imprévue du magistrat.

Autre sujet de stupeur pour M. Baleinier : Rodin paraissait ne pas le reconnaître et ne rien comprendre à son expressive pantomime,

et le considérait avec un ébahissement af-
fecté.

Enfin, au moment où le docteur, impa-
tienté, redoublait d'interrogations muettes,
Rodin s'avança d'un pas, tendit vers lui son
cou tors et lui dit d'une voie très-haute :

— Plaît-il,... monsieur le docteur?

A ces mots, qui déconcertèrent complète-
ment Balcinier et qui rompirent le silence
qui régnait depuis quelques secondes, le magistrat se retourna et Rodin ajouta avec un
imperturbable sang-froid :

— Depuis notre arrivée, M. le docteur me
fait toutes sortes de signes mystérieux.... Je
pense qu'il a quelque chose de fort particulier
à me communiquer... Moi, qui n'ai rien de
secret, je le prie de s'expliquer tout haut.

Cette réplique, si embarrassante pour
M. Balcinier, prononcée d'un ton agressif, et
accompagnée d'un regard de froideur glaciale,
plongea le médecin dans une nouvelle et si
profonde stupeur, qu'il resta quelques instants sans répondre.

Sans doute le magistrat fut frappé de cet
incident et du silence qui le suivit, car il jeta

23.

sur M. Baleinier un regard d'une grande sévérité.

Mademoiselle de Cardoville, qui s'attendait
à voir entrer M. de Montbron, restait aussi
singulièrement étonnée.

CHAPITRE XVII.

L'ACCUSATEUR.

M. Baleinier, un moment déconcerté par la présence inattendue d'un magistrat et par l'attitude inexplicable de Rodin, reprit bientôt son sang-froid, et s'adressant à son confrère de robe longue :

— Si j'essayais de me faire entendre de vous par signes, c'est que, tout en désirant respecter le silence que monsieur gardait en entrant chez moi (le docteur indiqua d'un coup d'œil le magistrat), je voulais vous témoigner ma surprise d'une visite dont je ne savais pas devoir être honoré.

— C'est à mademoiselle que j'expliquerai le motif de mon silence, monsieur, en la priant de vouloir bien l'excuser — répondit le magistrat, et il s'inclina légèrement devant Adrienne, à laquelle il continua de s'adresser. — Il vient de m'être fait à votre sujet une déclaration si grave, mademoiselle, que je n'ai pu m'empêcher de rester un moment muet et recueilli à votre aspect, tâchant de lire sur votre physionomie, dans votre attitude, si l'accusation que l'on avait déposée entre mes mains était fondée... et j'ai tout lieu de croire qu'elle l'est en effet.

— Pourrais-je enfin savoir, monsieur — dit le docteur Baleinier d'un ton parfaitement poli mais ferme — à qui j'ai l'honneur de parler?

— Monsieur, je suis juge d'instruction et je viens éclairer ma religion sur un fait que l'on m'a signalé...

— Veuillez, monsieur, me faire l'honneur de vous expliquer — dit le docteur en s'inclinant.

— Monsieur — reprit le magistrat, nommé M. de Gernande, homme de cinquante ans

environ, rempli de fermeté, de droiture, et
sachant allier les austères devoirs de sa position avec une bienveillante politesse — monsieur, on vous reproche d'avoir commis une...
erreur fort grave, pour ne pas employer une
expression plus fâcheuse... Quant à l'espèce de
cette erreur, j'aime mieux croire que vous,
monsieur, un des princes de la science, vous
avez pu vous tromper complétement dans l'ap-
préciation d'un fait médical, que de vous soup-
çonner d'avoir oublié tout ce qu'il y avait de
plus sacré dans l'exercice d'une profession qui
est presque un sacerdoce...

— Lorsque vous aurez spécifié les faits,
monsieur — répondit le jésuite de robe courte
avec une certaine hauteur — il me sera facile
de prouver que ma conscience scientifique
ainsi que ma conscience d'honnête homme
sont à l'abri de tout reproche.

— Mademoiselle — dit M. de Gernande en
s'adressant à Adrienne — est-il vrai que vous
avez été conduite dans cette maison par surprise?

— Monsieur!... — s'écria M. Baleinier —
permettez-moi de vous faire observer que la

manière dont vous posez cette question est
outrageante pour moi.

— Monsieur, c'est à mademoiselle que j'ai
l'honneur d'adresser la parole — répondit sévèrement M. de Gernande — et je suis seul
juge de la convenance de mes questions.

Adrienne allait répondre affirmativement
à la question du magistrat, lorsqu'un regard
expressif du docteur Baleinier lui rappela
qu'elle allait peut-être exposer Dagobert et
son fils à de cruelles poursuites.

Ce n'était pas un bas et vulgaire sentiment
de vengeance qui animait Adrienne, mais une
légitime indignation contre d'odieuses hypo-
crisies ; elle eût regardé comme une lâcheté
de ne pas les démasquer ; mais, voulant essayer
de tout concilier, elle dit au magistrat avec un
accent rempli de douceur et de dignité :

— Monsieur, permettez-moi de vous adresser à mon tour une question.

— Parlez, mademoiselle.

— La réponse que je vais vous faire sera-t-
elle regardée par vous comme une dénonciation formelle?

— Je viens ici, mademoiselle, pour recher-

cher avant tout la vérité... aucune considéra-
tion ne doit vous engager à la dissimuler.

— Soit, monsieur — reprit Adrienne —
mais supposez qu'ayant de justes sujets de
plainte, je vous les expose, afin d'obtenir l'au-
torisation de sortir de cette maison ; me sera-
t-il ensuite permis de ne pas donner suite à la
déclaration que je vous aurai faite?

— Vous pourrez, sans doute, abandonner
toute poursuite, mademoiselle, mais la justice
reprendra votre cause au nom de la société, si
elle a été lésée dans votre personne.

— Le pardon me serait-il interdit, monsieur? Un dédaigneux oubli du mal qu'on
m'aurait fait, ne me vengerait-il pas assez?

— Vous pourrez personnellement pardon-
ner, oublier, mademoiselle; mais, j'ai l'honneur
de vous le répéter, la société ne peut montrer
la même indulgence dans le cas où vous auriez
été victime d'une coupable machination.... et
j'ai tout lieu de craindre qu'il n'en ait été ainsi..
La manière dont vous vous exprimez, la générosité de vos sentiments, le calme, la dignité de votre attitude, tout me porte à croire
que l'on m'a dit vrai.

— J'espère, monsieur — dit le docteur Baleinier en reprenant son sang-froid — que vous me ferez du moins connaître la déclaration qui vous a été faite?

— Il m'a été affirmé, monsieur — dit le magistrat d'un ton sévère—que mademoiselle de Cardoville a été conduite ici par surprise...

— Par surprise?

— Oui, monsieur.

— Il est vrai, mademoiselle a été conduite ici par surprise — répondit le jésuite de robe courte après un moment de silence.

— Vous en convenez? — demanda M. de Gernande.

— Sans doute, monsieur, je conviens d'avoir eu recours à un moyen que l'on est malheureusement obligé d'employer lorsque les personnes qui ont besoin de nos soins n'ont pas conscience de leur fâcheux état...

— Mais, monsieur— reprit le magistrat—l'on m'a déclaré que mademoiselle de Cardoville n'avait jamais eu besoin de vos soins.

— Ceci est une question de médecine légale dont la justice n'est pas seule appelée à décider, monsieur, et qui doit être examinée, débattue contradictoirement — dit M. Baleinier reprenant toute son assurance.

— Cette question sera, en effet, monsieur, d'autant plus sérieusement débattue, que l'on vous accuse d'avoir séquestré ici mademoiselle de Cardoville quoiqu'elle jouît de toute sa raison.

— Et puis-je vous demander dans quel but — dit M. Baleinier avec un léger haussement d'épaules et d'un ton ironique —dans quel intérêt j'aurais commis une indignité pareille, en admettant que ma réputation ne me mette pas au-dessus d'une accusation si odieuse et si absurde?

— Vous auriez agi, monsieur, dans le but de favoriser un complot de famille tramé contre mademoiselle de Cardoville, dans un intérêt de cupidité.

— Et qui a osé faire, monsieur, une dénonciation aussi calomnieuse — s'écria le docteur Baleinier avec une indignation chaleureuse — qui a eu l'audace d'accuser un homme respectable et, j'ose le dire, respecté à tous égards, d'avoir été le complice de cette infamie?

— C'est... moi... — dit froidement Rodin.

— Vous.... — s'écria le docteur Baleinier.

Et reculant de deux pas il resta comme foudroyé.

— C'est moi... qui vous accuse — reprit Rodin d'une voix nette et brève.

— Oui, c'est monsieur qui, ce matin même, muni de preuves suffisantes, est venu réclamer mon intervention en faveur de mademoiselle de Cardoville — dit le magistrat en se reculant d'un pas, afin qu'Adrienne pût apercevoir son défenseur.

Jusqu'alors, dans cette scène, le nom de Rodin n'avait pas encore été prononcé; mademoiselle de Cardoville avait entendu souvent parler du secrétaire de l'abbé d'Aigrigny, sous de fâcheux rapports; mais, ne l'ayant jamais vu, elle ignorait que son libérateur n'était autre que ce jésuite; aussi jeta-t-elle aussitôt sur lui un regard mêlé de curiosité, d'intérêt, de surprise et de reconnaissance.

La figure cadavéreuse de Rodin, sa laideur repoussante, ses vêtements sordides, eussent, quelques jours auparavant, causé à Adrienne

un dégoût peut-être invincible; mais la jeune
fille se rappelant que la Mayeux, pauvre,
chétive, difforme et vêtue presque de haillons, était douée, malgré ses dehors disgracieux, d'un des plus nobles cœurs que l'on
pût admirer, ce ressouvenir fut singulièrement favorable au jésuite. Mademoiselle de
Cardoville oublia qu'il était laid et sordide
pour songer qu'il était vieux, qu'il semblait
pauvre et qu'il venait la secourir.

Le docteur Baleinier, malgré sa ruse, malgré son audacieuse hypocrisie, malgré sa présence d'esprit, ne pouvait cacher à quel point
la dénonciation de Rodin le bouleversait; sa
tête se perdait en pensant que, le lendemain
même de la séquestration d'Adrienne dans
cette maison, c'était l'implacable appel de
Rodin, à travers le guichet de la chambre,
qui l'avait empêché, lui, Baleinier, de céder
à la pitié que lui inspirait la douleur déses-
pérée de cette malheureuse fille, amenée à
douter presque de sa raison.

Et c'était Rodin, lui si inexorable, lui l'âme
damnée, le subalterne dévoué du P. d'Aigrigny, qui dénonçait le docteur et qui amenait

un magistrat pour obtenir la mise en liberté d'Adrienne... alors que, la veille, le P. d'Aigrigny avait encore ordonné de redoubler de sévérité envers elle!..

Le jésuite de robe courte se persuada que Rodin trahissait d'une abominable façon le P. d'Aigrigny, et que les amis de mademoiselle de Cardoville avaient corrompu et soudoyé ce misérable secrétaire; aussi M. Baleinier, exaspéré par ce qu'il regardait comme une monstrueuse trahison, s'écria de nouveau avec indignation et d'une voix entrecoupée par la colère :

—Et c'est vous, monsieur... vous qui avez le front de m'accuser.... vous... qui... il y a peu de jours encore...

Puis, réfléchissant qu'accuser Rodin de complicité, c'était s'accuser soi-même, il eut l'air de céder à une trop vive émotion, et reprit avec amertume :

— Ah! monsieur, monsieur, vous êtes la dernière personne que j'aurais crue capable d'une si odieuse dénonciation.. c'est honteux!..

— Et qui donc mieux que moi pouvait dénoncer cette indignité? — répondit Rodin

d'un ton rude et cassant. — N'étais-je pas en
position d'apprendre.... mais malheureusement trop tard, de quelle machination mademoiselle de Cardoville et d'autres encore....
étaient victimes... Alors, quel était mon devoir
d'honnête homme? Avertir M. le magistrat...
lui prouver ce que j'avançais et l'accompagner
ici. C'est ce que j'ai fait.

— Ainsi, monsieur le magistrat — reprit
le docteur Baleinier — ce n'est pas seulement
moi que cet homme accuse, mais il ose accuser encore...

— J'accuse M. l'abbé d'Aigrigny — reprit
Rodin d'une voix haute et tranchante, en interrompant le docteur — j'accuse madame de
Saint-Dizier, je vous accuse, vous, monsieur,
d'avoir, par un vil intérêt, séquestré mademoiselle de Cardoville dans cette maison et les
filles de M. le maréchal Simon dans le couvent
voisin. Est-ce clair?

— Hélas! ce n'est que trop vrai — dit vivement Adrienne; — j'ai vu ces pauvres enfants
bien éplorées me faire des signes de désespoir.

L'accusation de Rodin relative aux orphe-
lines fut un nouveau et formidable coup pour

le docteur Baleinier. Il lui fut alors surabon-
damment prouvé que le *traître* avait complétement passé dans le camp ennemi... Ayant
hâte de mettre un terme à cette scène si embarrassante, il dit au-magistrat, en tâchant de
faire bonne contenance , malgré sa vive émotion :

—Je pourrais, monsieur, me borner à gar-
der le silence et dédaigner de telles accusa-
tions, jusqu'à ce qu'une décision judiciaire
leur eût donné une autorité quelconque.....
Mais, fort de ma conscience... je m'adresse à
mademoiselle de Cardoville elle-même... et
je la supplie de dire si ce matin encore je ne
lui annonçais pas que sa santé serait bientôt
dans un état assez satisfaisant pour qu'elle pût
quitter cette maison. J'adjure mademoiselle,
au nom de sa loyauté bien connue, de me répondre si tel n'a pas été mon langage; et si,
en le tenant, je ne me trouvais pas seul avec
elle, et si...

—Allons donc! — monsieur — dit Rodin
en interrompant insolemment Baleinier; —
supposez que cette chère demoiselle avoue
cela par pure générosité, qu'est-ce que cela

prouve en votre faveur ? Rien du tout...

— Comment, monsieur... — s'écria le docteur — vous vous permettez...

— Je me permets de vous démasquer sans votre agrément; c'est un inconvénient, il est vrai; mais qu'est-ce que vous venez nous dire! que seul avec mademoiselle de Cardoville vous lui avez parlé comme si elle était vraiment folle... Parbleu! voilà qui est bien concluant !

— Mais, monsieur... — dit le docteur.

— Mais, monsieur — reprit Rodin sans le laisser continuer — il est évident que, dans la prévision de ce qui arrive aujourd'hui, afin de vous ménager une échappatoire, vous avez feint d'être persuadé de votre exécrable mensonge, même aux yeux de cette pauvre demoiselle, afin d'invoquer plus tard le bénéfice de votre conviction prétendue... Allons donc! ce n'est pas à des gens de bon sens, de cœur droit, que l'on fait de ces contes-là.

— Ah çà, monsieur... — s'écria Baleinier, courroucé.

— Ah çà, monsieur — reprit Rodin d'une voix plus haute et dominant toujours celle du docteur— est-il vrai, oui ou non, que vous vous réservez le faux-fuyant de rejeter cette odieuse séquestration sur une erreur scientifique? Moi, je dis oui... et j'ajoute que vous vous croyez hors d'affaire parce que vous dites maintenant : Grâce à mes soins, mademoiselle a retrouvé sa raison ; que veut-on de plus?

—Je dis cela, monsieur, et je le soutiens.

—Vous soutenez une fausseté, car il est prouvé que jamais la raison de mademoiselle n'a été un instant égarée.

—Et moi, monsieur, je maintiens qu'elle l'a été.

—Et moi, monsieur, je prouverai le contraire—dit Rodin.

—Vous! et comment cela?—s'écria le docteur.

—C'est ce que je me garderai de vous dire quant à présent... comme vous le pensez bien...—répondit Rodin avec un sourire ironique; puis il ajouta avec indignation : —Mais, tenez, monsieur, vous devriez mourir de honte d'oser soulever une question semblable devant mademoiselle ; épargnez-lui au moins une telle discussion.

—Monsieur...

—Allons donc! Fi! monsieur... vous dis-
je, fi...! cela est odieux à soutenir devant
mademoiselle ; odieux si vous dites vrai,
odieux si vous mentez — reprit Rodin avec
dégoût.

— Mais c'est un acharnement inconceva-
ble—s'écria le jésuite de robe courte exaspéré
— et il me semble que monsieur le magistrat
fait preuve de partialité en laissant accumu-
ler contre moi de si grossières calomnies !

— Monsieur— répondit sévèrement M. de
Gernande—j'ai le droit, non-seulement d'entendre, mais de provoquer tout entretien con-
tradictoire dès qu'il peut éclairer ma religion ;
de tout ceci, il résulte, même à votre avis,
monsieur le docteur, que l'état de la santé de
mademoiselle de Cardoville est assez satisfai·
sant pour qu'elle puisse rentrer dans sa famille aujourd'hui même.

—Je n'y vois pas du moins de très-grave
inconvénient, monsieur—dit le docteur; —
seulement je maintiens que la guérison n'est
pas aussi complète qu'elle aurait pu l'être, et

je décline, à ce sujet, toute responsabilité
pour l'avenir.

—Vous le pouvez d'autant mieux — dit
Rodin — qu'il est douteux que mademoiselle
s'adresse désormais à vos honnêtes lumières.

— Il est donc inutile d'user de mon initiative pour vous demander d'ouvrir à l'instant
les portes de cette maison à mademoiselle de
Cardoville — dit le magistrat au directeur.

—Mademoiselle est libre — dit Baleinier—
parfaitement libre.

—Quant à la question de savoir si vous
avez séquestré mademoiselle à l'aide d'une
supposition de folie... la justice en est saisie,
monsieur, vous serez entendu.

—Je suis tranquille, monsieur—répondit
M. Baleinier en faisant bonne contenance ...
ma conscience ne me reproche rien.

—Je le désire, monsieur—dit M. de Gernande.—Si graves que soient les apparences,
et surtout lorsqu'il s'agit de personnes dans
une position telle que la vôtre, monsieur,
nous désirons toujours trouver des innocents.

— Puis s'adressant à Adrienne : — Je comprends, mademoiselle, tout ce que cette scène

a de pénible, a de blessant pour votre délicatesse et pour votre générosité... il dépendra
de vous plus tard, ou de vous porter partie
civile contre M. Baleinier, ou de laisser la
justice suivre son cours... Un mot encore...
l'homme de cœur et de loyauté (le magistrat
montra Rodin) qui a pris votre défense d'une
manière si franche, si désintéressée, m'a dit
qu'il croyait savoir que vous voudriez peut-
être bien vous charger momentanément des
filles de M. le maréchal Simon... je vais de ce
pas les reclamer au couvent où elles ont été
conduites aussi par surprise.

—En effet, monsieur—répondit Adrienne
—aussitôt que j'ai appris l'arrivée des filles
de M. le maréchal Simon à Paris, mon inten-
tion a été de leur offrir un appartement chez
moi. Mesdemoiselles Simon sont mes proches
parentes. C'est à la fois pour moi un devoir
et un plaisir de les traiter en sœurs. Je vous
serai donc, monsieur, doublement reconnaissante, si vous voulez bien me les confier...

— Je crois ne pouvoir mieux agir dans
leur intérêt — reprit M. de Gernande.

Puis s'adressant à M. Baleinier :

— Consentirez-vous, monsieur, à ce que j'amène ici tout à l'heure mes demoiselles Simon? j'irai les chercher pendant que mademoiselle de Cardoville fera ses préparatifs de départ ; elles pourront ainsi quitter cette maison avec leur parente.

— Je prie mademoiselle de Cardoville de disposer de cette maison comme de la sienne en attendant le moment de son départ— répondit M. Baleinier. — Ma voiture sera à ses ordres pour la conduire.

— Mademoiselle — dit le magistrat en s'approchant d'Adrienne— sans préjuger la question qui sera prochainement portée devant la justice, je puis du moins regretter de n'avoir pas été appelé plus tôt auprès de vous; j'aurais pu vous épargner quelques jours de cruelle souffrance... car votre position a dû être bien cruelle.

— Il me restera du moins, au milieu de ces tristes jours, monsieur — dit Adrienne avec une dignité charmante — un bon et touchant souvenir, celui de l'intérêt que vous m'avez témoigné, et j'espère que vous voudrez bien me mettre à même de vous remercier

chez moi... non de la justice que vous m'avez
accordée, mais de la manière si bienveillante
et j'oserais dire si paternelle avec laquelle
vous me l'avez rendue... Et puis enfin, monsieur—ajouta mademoiselle de Cardoville en
souriant avec grâce—je tiens à vous prouver
que ce que l'on appelle ma *guérison* est bien
réel.

M. de Gernande s'inclina respectueuse-
ment devant mademoiselle de Cardoville.

Pendant le court entretien du magistrat et
d'Adrienne, tous deux avaient tourné entièrement le dos à M. Baleinier et à Rodin. Ce
dernier, profitant de ce moment, mit vivement dans la main du docteur un billet qu'il
venait d'écrire au crayon dans le fond de son
chapeau.

Baleinier, ébahi, stupéfait, regarda Rodin.

Celui-ci fit un signe particulier en portant
son pouce à son front, qu'il sillonna deux
fois verticalement, puis demeura impassible.

Ceci s'était passé si rapidement, que, lorsque M. de Gernande se retourna, Rodin,
éloigné de quelques pas du docteur Baleinier,

regardait mademoiselle de Cardoville avec un respectueux intérêt.

— Permettez-moi de vous accompagner, monsieur — dit le docteur en précédant le magistrat, auquel mademoiselle de Cardoville fit un salut plein d'affabilité.

Tous deux sortirent, Rodin resta seul avec mademoiselle de Cardoville.

Après avoir conduit M. de Gernande jusqu'à la porte extérieure de sa maison, M. Baleinier se hâta de lire le billet écrit au crayon par Rodin ; il était conçu en ces termes :

« Le magistrat se rend au couvent par la
« rue, courez-y par le jardin ; dites à la supé-
« rieure d'obéir à l'ordre que j'ai donné au
« sujet des deux jeunes filles ; cela est de la
» dernière importance. »

Le signe particulier que Rodin lui avait fait et la teneur de ce billet prouvèrent au docteur Baleinier, marchant ce jour d'étonnements en ébahissements, que le secrétaire du R. P., loin de trahir, agissait toujours *pour la plus grande gloire du Seigneur.*

Seulement, tout en obéissant, M Baleinier

cherchait en vain à comprendre le motif de
l'inexplicable conduite de Rodin, qui venait
de saisir la justice d'une affaire qu'on devait
d'abord étouffer et qui pouvait avoir les suites
les plus fâcheuses pour le P. d'Aigrigny, pour
madame de Saint-Dizier et pour lui, Baleinier.

Mais revenons à Rodin, resté seul avec
mademoiselle de Cardoville.

CHAPITRE XVII.

LE SECRÉTAIRE DU P. D'AIGRIGNY.

A peine le magistrat et le docteur Baleinier eurent-ils disparu que mademoiselle de Cardoville, dont le visage rayonnait de bonheur, s'écria en regardant Rodin avec un mélange de respect et de reconnaissance :

— Enfin, grâce à vous, monsieur... je suis libre.... libre.... Oh! je n'avais jamais senti tout ce qu'il y a de bien-être, d'expansion, d'épanouissement dans ce mot adorable.... liberté!!

Et le sein d'Adrienne palpitait; ses narines roses se dilataient, ses lèvres vermeilles s'entr'ouvraient comme si elle eût aspiré avec délices un air vivifiant et pur.

— Je suis depuis peu de jours dans cette horrible maison — reprit-elle — mais j'ai assez souffert de ma captivité pour faire vœu de rendre chaque année quelques pauvres prisonniers pour dettes à la liberté. Ce vœu vous paraît sans doute un peu *moyen âge* — ajouta-t-elle en souriant — mais il ne faut pas prendre à cette noble époque seulement ses meubles et ses vitraux... Merci donc doublement, monsieur, car je vous fais complice de cette pensée de *délivrance* qui vient d'éclore, vous le voyez, au milieu du bonheur que je vous dois et dont vous paraissez ému, touché. Ah! que ma joie vous dise ma reconnaissance, et qu'elle vous paye de votre généreux secours! — dit la jeune fille avec exaltation.

Mademoiselle de Cardoville, en effet, remarquait une complète transfiguration dans la physionomie de Rodin. Cet homme, naguère si dur, si tranchant, si inflexible à l'égard du docteur Baleinier, semblait sous l'influence des sentiments les plus doux, les plus affectueux. Ses petits yeux de vipère, à demi voilés, s'attachaient sur Adrienne avec une expression d'ineffable intérêt... Puis, comme s'il eût voulu s'arracher tout à coup à ces impressions, il dit en se parlant à lui-même :

— Allons, allons, pas d'attendrissement. Le temps est trop précieux!... ma mission n'est pas remplie... non, elle ne l'est pas... ma chère demoiselle — ajouta-t-il en s'adressant alors à Adrienne — ainsi... croyez-moi... nous parlerons plus tard de reconnaissance... Parlons vite du présent si important pour vous et pour votre famille.. Savez-vous ce qui se passe?

Adrienne regarda le jésuite avec surprise et lui dit :

— Que se passe-t-il donc, monsieur?

— Savez-vous le véritable motif de votre séquestration dans cette maison,... savez-vous ce qui a fait agir madame de Saint-Dizier et l'abbé d'Aigrigny?

En entendant prononcer ces noms détestés, les traits de mademoiselle de Cardoville, naguère si heureusement épanouis, s'attristèrent et elle répondit avec amertume :

— La haine, monsieur,... a sans doute animé madame de Saint-Dizier contre moi...

— Oui... la haine... et de plus le désir de vous dépouiller impunément d'une fortune immense...

— Moi... monsieur, et comment?

— Vous ignorez donc, ma chère demoiselle, l'intérêt que vous aviez à vous trouver le 13 février rue Saint-François pour un héritage?

— J'ignorais cette date et ces détails, monsieur; mais je savais incomplétement par quelques papiers de famille, et grâce à une circonstance assez extraordinaire, qu'un de nos ancêtres...

— Avait laissé une somme énorme à partager entre ses descendants, n'est-ce pas?

— Oui, monsieur...

— Ce que malheureusement vous ignoriez, ma chère demoiselle, c'est que les héritiers étaient tenus de se trouver réunis le 13 février à heure fixe; ce jour et cette heure passés, les retardataires devaient être dépossédés. Comprenez-vous maintenant pourquoi on vous a enfermée ici, ma chère demoiselle?

— Oh, oui! je comprends — s'écria mademoiselle de Cardoville: — à la haine que me portait ma tante, se joignait la cupidité....

tout s'explique. Les filles du maréchal Simon, héritières comme moi, ont été séquestrées comme moi...

— Et cependant — s'écria Rodin — vous et elles n'êtes pas les seules victimes...

— Quelles sont donc les autres, monsieur?

— Un jeune Indien...

— Le prince Djalma? — dit vivement Adrienne.

— Il a failli être empoisonné par un narcotique... dans le même intérêt.

— Grand Dieu! — s'écria la jeune fille en joignant les mains avec épouvante. — C'est horrible! lui... lui... ce jeune prince que l'on dit d'un caractère si noble, si généreux! Mais j'avais envoyé au château de Cardoville...

— Un homme de confiance, chargé de ramener le prince à Paris; je sais cela, ma chère demoiselle; mais, à l'aide d'une ruse, cet homme a été éloigné, et le jeune Indien livré à ses ennemis.

— Et à cette heure... où est-il?

— Je n'ai que de vagues renseignements;

je sais seulement qu'il est à Paris; mais je ne
désespère pas de le retrouver; je ferai ces re-
cherches avec une ardeur presque paternelle;
car on ne saurait trop aimer les rares qualités
de ce pauvre fils de roi. Quel cœur, ma chère
demoiselle! quel cœur!!! oh! c'est un cœur
d'or, brillant et pur comme l'or de son pays.

— Mais il faut retrouver le prince, monsieur — dit Adrienne avec émotion. — Il
faut ne rien négliger pour cela, je vous en
conjure; c'est mon parent.... il est seul ici....
sans appui, sans secours.

— Certainement — reprit Rodin avec
commisération — pauvre enfant..... car c'est
presque un enfant... dix-huit ou dix-neuf
ans... jeté au milieu de Paris, dans cet en-
fer... avec ses passions neuves, ardentes,
sauvages, avec sa naïveté, sa confiance, à
quels périls ne serait-il pas exposé!

—Mais il s'agit d'abord de le retrouver,
monsieur—dit vivement Adrienne—ensuite
nous le soustrairons à ces dangers... Avant
d'être enfermée ici, apprenant son arrivée
en France, j'avais envoyé un homme de confiance lui offrir les services d'un ami in-

connu; je vois maintenant que cette folle
idée, que l'on m'a tant reprochée, était fort
sensée... aussi j'y tiens plus que jamais; le
prince est de ma famille, je lui dois une généreuse hospitalité... je lui destinais le pavillon
que j'occupais chez ma tante...

— Mais vous, ma chère demoiselle?

— Aujourd'hui même je vais aller habiter
une maison que depuis quelque temps j'avais
fait préparer, étant bien décidée à quitter
madame de Saint-Dizier et à vivre seule et à
ma guise. Ainsi, monsieur, puisque votre
mission est d'être le bon génie de notre famille, soyez aussi généreux envers le prince
Djalma que vous l'avez été pour moi, pour
les filles du maréchal Simon; je vous en conjure, tâchez de découvrir la retraite de ce
pauvre fils de roi, comme vous dites; gardez-
moi le secret et faites-le conduire dans ce
pavillon, qu'un ami inconnu lui offre... qu'il
ne s'inquiète de rien; on pourvoira à tous
ses besoins; il vivra comme il doit vivre...
en prince...

— Oui, il vivra en prince, grâce à votre
royale munificence... Mais jamais touchant

v.   25

intérêt n'aura été mieux placé... Il suffit de
voir, comme je l'ai vue, sa belle et mélanco-
lique figure, pour...

— Vous l'avez donc vu, monsieur? — dit
Adrienne en interrompant Rodin.

— Oui, ma chère demoiselle, je l'ai vu
pendant deux heures environ... et il ne m'en
a pas fallu davantage pour le juger : ses traits
charmants sont le miroir de son âme.

— Et où l'avez-vous vu, monsieur?

— A votre ancien château de Cardoville,
ma chère demoiselle, non loin duquel la tempête l'avait jeté... et où je m'étais rendu afin
de...

Puis, après un moment d'hésitation, Rodin reprit comme emporté malgré lui par sa
franchise :

— Eh, mon Dieu! où je m'étais rendu
pour faire une action mauvaise, honteuse et
misérable... il faut bien l'avouer...

— Vous, monsieur,... au château de Cardoville? pour une mauvaise action! — s'écria
Adrienne profondément surprise...

— Hélas! oui, ma chère demoiselle — répondit naïvement Rodin. — En un mot, j'a-

vais ordre de M. l'abbé d'Aigrigny de mettre
votre ancien régisseur dans l'alternative ou
d'être renvoyé, ou de se prêter à une indignité... oui, à quelque chose qui ressemblait
fort à de l'espionnage et à de la calomnie;...
mais l'honnête et digne homme a refusé...

— Mais qui êtes vous donc, monsieur? —
dit mademoiselle de Cardoville de plus en
plus étonnée.

— Je suis... Rodin,... ex-secrétaire de
M. l'abbé d'Aigrigny... bien peu de chose,
comme vous voyez.

Il faut renoncer à rendre l'accent à la fois
humble et ingénu du jésuite en prononçant
ces mots, qu'il accompagna d'un salut respectueux.

A cette révélation, mademoiselle de Cardoville se recula brusquement.

Nous l'avons dit, Adrienne avait quelquefois entendu parler de Rodin, l'humble secrétaire de l'abbé d'Aigrigny, comme d'une sorte
de machine obéissante et passive. Ce n'était
pas tout : le régisseur de la terre de Cardoville, en écrivant à Adrienne au sujet du
prince Djalma, s'était plaint des propositions

25.

perfides et déloyales de Rodin. Elle sentit
donc s'éveiller une vague défiance lorsqu'elle
apprit que son libérateur était l'homme qui
avait joué un rôle si odieux. Du reste, ce
sentiment défavorable était balancé par ce
qu'elle devait à Rodin et par la dénonciation
qu'il venait de formuler si nettement contre
l'abbé d'Aigrigny devant le magistrat ; et puis
enfin par l'aveu même du jésuite , qui , s'ac-
cusant lui-même , allait ainsi au-devant du
reproche qu'on pouvait lui adresser.

Néanmoins, ce fut avec une sorte de froide
réserve que mademoiselle de Cardoville continua cet entretien commencé par elle avec
autant de franchise que d'abandon et de
sympathie.

Rodin s'aperçut de l'impression qu'il cau-
sait ; il s'y attendait : il ne se déconcerta donc
pas le moins du monde lorsque mademoiselle
de Cardoville lui dit en l'envisageant bien en
face et attachant sur lui un regard perçant :

—Ah !... vous êtes monsieur Rodin... le
secrétaire de M. l'abbé d'Aigrigny ?

— Dites ex-secrétaire, s'il vous plaît, ma
chère demoiselle, — répondit le jésuite ; —

car vous sentez bien que je ne remettrai jamais
les pieds chez l'abbé d'Aigrigny... Je m'en suis
fait un ennemi implacable, et je me trouve
sur le pavé... Mais il n'importe... qu'est-ce
que je dis! mais tant mieux, puisqu'à ce prix-
là des méchants sont démasqués et d'honnêtes
gens secourus.

Ces mots, dits très-simplement et très-di-
gnement, ramenèrent la pitié au cœur d'A-
drienne. Elle songea qu'après tout, ce pauvre
vieux homme disait vrai. La haine de l'abbé
d'Aigrigny ainsi dévoilé devait être inexorable, et, après tout, Rodin l'avait bravée pour
faire une généreuse révélation.

Pourtant, mademoiselle de Cardoville reprit froidement :

— Puisque vous saviez, monsieur, les propositions que vous étiez chargé de faire au
régisseur de la terre de Cardoville si hon-
teuses, si perfides, comment avez-vous pu
consentir à vous en charger?

— Pourquoi, pourquoi! — reprit Rodin
avec une sorte d'impatience pénible. — Eh!
mon Dieu! parce que j'étais alors complète-
ment sous le charme de l'abbé d'Aigrigny, un

des hommes les plus prodigieusement habiles
que je connaisse, et, je l'ai appris depuis
avant-hier seulement, un des hommes le plus
prodigieusement dangereux qu'il y ait au
monde; il avait vaincu mes scrupules en me
persuadant que la fin justifiait les moyens...
Et, je dois l'avouer, la fin qu'il semblait se
proposer était belle et grande; mais avant-
hier... j'ai été cruellement désabusé... un coup
de foudre m'a réveillé. Tenez, ma chère demoi·
selle—ajouta Rodin avec une sorte d'embarras
et de confusion — ne parlons plus de mon fâcheux voyage à Cardoville. Quoique je n'aie
été qu'un instrument ignorant et aveugle, j'en
ai autant de honte et chagrin que si j'avais agi
de moi-même. Cela me pèse et m'oppresse. Je
vous en prie, parlons plutôt de vous, de ce
qui vous intéresse; car l'âme se dilate aux généreuses pensées, comme la poitrine se dilate
à un air pur et salubre.

Rodin venait de faire si spontanément l'a-
veu de sa faute, il l'expliquait si naturelle-
ment, il en paraissait si sincèrement con-
trit, qu'Adrienne, dont les soupçons n'avaient
pas d'ailleurs d'autres éléments, sentit sa défiance beaucoup diminuer.

— Ainsi — reprit-elle en examinant toujours Rodin — c'est à Cardoville que vous avez vu le prince Djalma ?

— Oui, mademoiselle, et de cette rapide entrevue date mon affection pour lui : aussi je remplirai ma tâche jusqu'au bout ; soyez tranquille, ma chère demoiselle, pas plus que vous, pas plus que les filles du maréchal Simon, le prince ne sera victime de ce détestable complot, qui ne s'est malheureusement pas arrêté là.

— Et qui donc encore a-t-il menacé?

— M. Hardy, homme rempli d'honneur et de probité, aussi votre parent, aussi intéressé dans cette succession, a été éloigné de Paris par une infâme trahison... Enfin, un dernier héritier, malheureux artisan, tombant dans un piége habilement tendu, a été jeté dans une prison pour dettes.

— Mais, monsieur — dit tout à coup Adrienne — au profit de qui cet abominable complot, qui, en effet, m'épouvante, était-il donc tramé?

— Au profit de M. l'abbé d'Aigrigny ! — répondit Rodin.

— Lui! et comment? de quel droit? il n'é-
tait pas héritier!

— Ce serait trop long à vous expliquer, ma
chère demoiselle; vous saurez tout un jour;
soyez seulement convaincue que votre famille
n'avait pas d'ennemi plus acharné que l'abbé
d'Aigrigny.

— Monsieur — dit Adrienne cédant à un
dernier soupçon — je vais vous parler bien
franchement. Comment ai-je pu mériter ou
vous inspirer le vif intérêt que vous me témoi-
gnez, et que vous étendez même sur toutes les
personnes de ma famille?

— Mon Dieu, ma chère demoiselle — répondit Rodin en souriant — si je vous le dis...
vous allez vous moquer de moi... ou ne pas
me comprendre...

— Parlez, je vous en prie, monsieur, ne
doutez ni de moi ni de vous.

— Eh bien! je me suis intéressé, dévoué à
vous, parce que votre cœur est généreux,
votre esprit élevé, votre caractère indépen-
dant et fier... Une fois bien à vous, ma foi!
les vôtres, qui sont d'ailleurs aussi fort dignes

d'intérêt, ne m'ont plus été indifférents :.....
les servir, c'était vous servir encore.

— Mais, monsieur... en admettant que
vous me jugiez digne des louanges beaucoup
trop flatteuses que vous m'adressez... comment
avez-vous pu juger de mon cœur, de
mon esprit, de... mon caractère?

— Je vais vous le dire, ma chère demoiselle;
mais auparavant je dois vous faire encore
un aveu dont j'ai grand'honte... Lors
même que vous ne seriez pas si merveilleusement
douée, ce que vous avez souffert depuis
votre entrée dans cette maison devrait suffire,
n'est-ce pas? pour vous mériter l'intérêt de
tout homme de cœur.

— Je le crois, monsieur.

— Je pourrais donc expliquer ainsi mon
intérêt pour vous. Eh bien! pourtant... je l'avoue,
cela ne m'aurait pas suffi. Vous auriez
été simplement mademoiselle de Cardoville,
très-riche, très-noble et très-belle jeune fille,
que votre malheur m'eût fort apitoyé sans
doute; mais je me serais dit : Cette pauvre demoiselle
est très à plaindre, soit; mais moi,
pauvre homme, qu'y puis-je? Mon unique

ressource est ma place de secrétaire de l'abbé d'Aigrigny, et c'est lui qu'il me faut d'abord attaquer ! Il est tout-puissant, et je ne suis rien; lutter contre lui, c'est me perdre sans espoir de sauver cette infortunée. Tandis qu'au contraire, sachant ce que vous étiez, ma chère demoiselle, ma foi! je me suis révolté dans mon infériorité. Non, non, me suis-je dit, mille fois non ! Une si belle intelligence, un si grand cœur ne seront pas victimes d'un abominable complot... Peut-être je serai brisé dans la lutte, mais du moins j'aurai tenté de combattre.

Il est impossible de dire avec quel mélange de finesse, d'énergie, de sensibilité, Rodin avait accentué ces paroles.

Ainsi que cela arrive fréquemment aux gens singulièrement disgracieux et repoussants, dès qu'ils sont parvenus à faire oublier leur laideur, cette laideur même devient un motif d'intérêt, de commisération, et l'on se dit : Quel dommage qu'un tel esprit, qu'une telle âme, habite un corps pareil ! et l'on se sent touché, presque attendri par ce contraste.

Il en était ainsi de ce que mademoiselle de

Cardoville commençait à éprouver pour Rodin, car autant il s'était montré brutal et insolent envers le docteur Baleinier, autant il était simple et affectueux avec elle.

Une seule chose excitait vivement la curiosité de mademoiselle de Cardoville, c'était de savoir comment Rodin avait conçu le dévouement et l'admiration qu'elle lui inspirait.

— Pardonnez mon indiscrète et opiniâtre curiosité, monsieur,.... mais je voudrais savoir...

— Comment vous m'avez été... moralement révélée, n'est-ce pas?... Mon Dieu, ma chère demoiselle, rien n'est plus simple... En deux mots, voici le fait : l'abbé d'Aigrigny ne voyait en moi qu'une machine à écrire, un instrument obtus, muet et aveugle...

— Je croyais à M. d'Aigrigny plus de perspicacité.

— Et vous avez raison, ma chère demoiselle.. c'est un homme d'une sagacité inouïe;.. mais je le trompais... en affectant plus que de la simplicité... Pour cela, n'allez pas me croire faux... Non... je suis fier... oui, fier... à ma manière, et ma fierté consiste à ne jamais paraître au-dessus de ma position, si subalterne qu'elle soit! Savez-vous pourquoi? C'est qu'alors, si hautains que soient mes supérieurs... je me dis : Ils ignorent ma valeur; ce n'est donc pas moi, c'est l'infériorité de la condition qu'ils humilient... A cela, je gagne deux choses : mon amour-propre est à couvert, et je n'ai à haïr personne.

— Oui, je comprends cette sorte de fierté — dit Adrienne de plus en plus frappée du tour original de l'esprit de Rodin.

— Mais revenons à ce qui vous regarde, ma chère demoiselle. — La veille du 13 février, M. l'abbé d'Aigrigny me remet un papier sténographié, et me dit : Transcrivez cet interrogatoire, vous y ajouterez que cette pièce vient à l'appui de la décision d'un conseil de famille, qui déclare, d'après le rapport du docteur Baleinier, l'état de l'esprit de mademoiselle de Cardoville assez alarmant pour exiger sa réclusion dans une maison de santé...

— Oui — dit Adrienne avec amertume — il s'agissait d'un long entretien que j'ai eu avec madame de Saint-Dizier, ma tante, et que l'on écrivait à mon insu.

— Me voici donc tête à tête avec mon mémoire sténographié; je commence à le trans-
crire... Au bout de dix lignes, je reste frappé
de stupeur, je ne sais si je rêve ou si je veille...
— Comment! folle! — m'écriai-je — mademoiselle de Cardoville folle!.. Mais les insen-
sés sont ceux-là qui osent soutenir une mons-
truosité pareille!.. De plus en plus intéressé,
je poursuis ma lecture;... je l'achève... Oh!
alors, que vous dirai-je?.. Ce que j'ai éprouvé,
voyez-vous, ma chère demoiselle, ne se peut
exprimer :.. c'était de l'attendrissement, de la
joie, de l'enthousiasme!..

— Monsieur... — dit Adrienne.

— Oui, ma chère demoiselle, de l'enthousiasme!.. Que ce mot ne choque pas votre
modestie : sachez donc que ces idées si neuves,
si indépendantes, si courageuses, que vous
exposiez avec tant d'éclat devant votre tante,
vous sont à votre insu presque communes
avec une personne pour laquelle vous ressen-
tirez un jour le plus tendre, le plus religieux
respect...

— Et de qui voulez-vous parler, monsieur? — s'écria mademoiselle de Cardoville de plus en plus intéressée.

Après un moment d'hésitation apparente, Rodin reprit :

— Non... non... il est inutile maintenant de vous en instruire... Tout ce que je puis vous dire, ma chère demoiselle, c'est que, ma lecture finie, je courus chez l'abbé d'Aigrigny afin de le convaincre de l'erreur où je le voyais à votre égard... Impossible de le joindre... mais hier matin, je lui ai dit vivement ma façon de penser; il ne parut étonné que d'une chose, de s'apercevoir que je pensais. Un dédaigneux silence accueillit toutes mes instances. Je crus sa bonne foi surprise; j'insistai encore, mais en vain; il m'ordonna de le suivre à la maison où devait s'ouvrir le testament de votre aïeul. J'étais tellement aveuglé sur l'abbé d'Aigrigny qu'il fallut, pour m'ouvrir les yeux, l'arrivée successive du soldat, de son fils, puis du père du maréchal Simon... Leur indignation me dévoila l'étendue d'un complot tramé de longue main avec une effrayante habileté. Alors, je com-

pris pourquoi l'on vous retenait ici en vous
faisant passer pour folle ; alors je compris
pourquoi les filles du maréchal Simon avaient
été conduites au couvent. Alors enfin, mille
souvenirs me revinrent à l'esprit ; des fragments de lettres, de mémoires, que l'on m'a-
vait donnés à copier ou à chiffrer, et dont je
ne m'étais pas jusque-là expliqué la signifi-
cation, me mirent sur la voie de cette odieuse
machination. Manifester, séance tenante,
l'horreur subite que je ressentais pour ces
indignités, c'était tout perdre ; je ne fis pas
cette faute. Je luttai de ruse avec l'abbé d'Aigrigny ; je parus encore plus avide que lui.
Cet immense héritage aurait dû m'apparte-
nir que je ne me serais pas montré plus âpre,
plus impitoyable à la curée. Grâce à ce stra-
tagème, l'abbé d'Aigrigny ne se douta de rien :
un hasard providentiel ayant sauvé cet héritage de ses mains, il quitta la maison dans une
consternation profonde. Moi, dans une joie indicible, car j'avais le moyen de vous sauver, de
vous venger, ma chère demoiselle, hier soir,
comme toujours, je me rendis à mon bureau.
Pendant l'absence de l'abbé, il me fut facile de

parcourir toute sa correspondance relative à l'héritage ; de la sorte, je pus relier tous les fils de cette trame immense... Oh ! alors, ma chère demoiselle, devant les découvertes que je fis... et que je n'aurais jamais faites sans cette circonstance, je restai anéanti, épouvanté.

— Quelles découvertes, monsieur?

— Il est des secrets terribles pour qui les possède. Ainsi, n'insistez pas, ma chère demoiselle : mais, dans cet examen, la ligue formée par une insatiable cupidité contre vous et contre vos parents m'apparut dans toute sa ténébreuse audace. Alors, le vif et profond intérêt que j'avais déjà ressenti pour vous, chère demoiselle, augmenta encore et s'étendit aux autres innocentes victimes de ce complot infernal. Malgré ma faiblesse, je me promis de tout risquer pour démasquer l'abbé d'Aigrigny... Je réunis les preuves nécessaires pour donner à ma déclaration devant la justice une autorité suffisante... Et ce matin... je quittai la maison de l'abbé... sans lui révéler mes projets... Il pouvait employer, pour me retenir, quelque moyen violent;

pourtant, il eût été lâche à moi de l'attaquer
sans le prévenir... Une fois hors de chez lui...
je lui ai écrit que j'avais en main assez de
preuves de ses indignités pour l'attaquer
loyalement au grand jour... je l'accusais... il
se défendrait. Je suis allé chez un magistrat,
et vous savez...

A ce moment, la porte s'ouvrit; une des
gardiennes parut et dit à Rodin :

— Monsieur, le commissionnaire que vous
et M. le juge ont envoyé rue Brise-Miche,
vient de revenir.

— A-t-il laissé la lettre?

— Oui, monsieur, on l'a montée tout de
suite.

— C'est bien!... laissez-nous.

La gardienne sortit.

CHAPITRE XIX.

LA SYMPATHIE.

Si mademoiselle de Cardoville avait pu conserver quelques soupçons sur la sincérité du dévouement de Rodin à son égard, ils auraient dû tomber devant ce raisonnement malheureusement fort naturel et presque irréfragable : comment supposer la moindre intelligence entre l'abbé d'Aigrigny et son secrétaire, alors que celui-ci, dévoilant complétement les machinations de son maître, le livrait aux tribunaux? alors qu'enfin Rodin allait en ceci peut-être plus loin que mademoiselle de Cardoville n'aurait été elle-même?

26.

Quelle arrière-pensée supposer au jésuite? tout au plus celle de chercher à s'attirer par ses services la fructueuse protection de la jeune fille? Et encore ne venait-il pas de protester contre cette supposition, en déclarant que ce n'était pas à mademoiselle de Cardoville, belle, noble et riche, qu'il s'était dévoué; mais à la jeune fille au cœur fier et généreux? Et puis enfin, ainsi que le disait lui-même Rodin, quel homme, à moins d'être un misérable, ne se fût intéressé au sort d'Adrienne?

Un sentiment singulier, bizarre, mélange de curiosité, de surprise et d'intérêt, se joignait à la gratitude de mademoiselle de Cardoville pour Rodin; pourtant, reconnaissant un esprit supérieur sous cette humble enveloppe, un soupçon grave lui vint tout à coup à l'esprit.

—Monsieur — dit-elle à Rodin — j'avoue toujours aux gens que j'estime les mauvais doutes qu'ils m'inspirent, afin qu'ils se justifient et m'excusent si je me trompe.

Rodin regarda mademoiselle de Cardoville avec surprise; et paraissant supputer men-

talement les soupçons qu'il avait pu lui inspirer, il répondit après un moment de silence :

— Peut-être s'agit-il de mon voyage à
Cardoville, de mes mauvaises propositions à
votre brave et digne régisseur?... mon Dieu !
je...

— Non, non, monsieur... — dit Adrienne
en l'interrompant — vous m'avez fait spontanément cet aveu, et je comprends qu'aveuglé
sur le compte de M. d'Aigrigny, vous ayez
exécuté passivement des instructions auxquelles la délicatesse répugnait... Mais comment se fait-il qu'avec votre valeur incontes-
table vous occupiez auprès de lui et depuis
long-temps une position aussi subalterne?

— C'est vrai — dit Rodin en souriant —
cela doit vous surprendre d'une manière
fâcheuse, ma chère demoiselle; car un homme
de quelque capacité qui reste long-temps dans
une condition infime, a évidemment quelque vice radical, quelque passion mauvaise
ou basse...

— Ceci, monsieur, est généralement vrai. .

— Et personnellement vrai... quant à moi.

— Ainsi, monsieur, vous avouez?...

— Hélas! j'avoue que j'ai une mauvaise passion, à laquelle j'ai depuis quarante ans sacrifié toutes les chances de parvenir à une position sortable.

— Et cette passion,... monsieur?

— Puisqu'il faut vous faire ce vilain aveu... c'est la paresse... oui, la paresse... l'horreur de toute activité d'esprit, de toute responsabilité morale, de toute initiative. Avec les 1200 livres que me donnait l'abbé d'Aigrigny, j'étais l'homme le plus heureux du monde; j'avais foi dans la noblesse de ses vues; sa pensée était la mienne, sa volonté la mienne. Ma besogne finie, je rentrais dans ma pauvre petite chambre, j'allumais mon poêle, je dînais de racines; puis, prenant quelque livre de philosophie bien inconnu, et, rêvant là-dessus, je lâchais bride à mon esprit, qui, contenu tout le jour, m'entraînait à travers les théories, les utopies les plus délectables. Alors, de toute la hauteur de mon intelligence emportée, Dieu sait où, par l'audace de mes pensées, il me semblait dominer et mon maître et les grands génies de la terre. Cette fièvre durait bien, ma foi, trois ou quatre heures; après quoi je dormais d'un bon somme; chaque matin je me rendais allègrement à ma besogne, sûr de mon pain du lendemain, sans souci de l'avenir, vivant de peu, attendant avec impatience les joies de ma soirée solitaire, et me disant à part moi, en griffonnant comme une machine stupide: Eh ! eh !... pourtant... si je voulais.

— Certes... vous auriez pu comme un autre peut-être arriver à une haute position — dit Adrienne singulièrement touchée de la philosophie pratique de Rodin.

— Oui,... je le crois, j'aurais pu arriver... mais dès que je le pouvais... à quoi bon? Voyez-vous, ma chère demoiselle, ce qui rend souvent les gens d'une valeur quelconque inexplicables pour le vulgaire... c'est qu'ils se contentent souvent de dire : *Si je voulais!*

— Mais enfin, monsieur... sans tenir beaucoup aux aisances de la vie, il est un certain bien-être que l'âge rend presque indispensable, auquel vous renoncez absolument...

— Détrompez-vous, s'il vous plaît, ma chère demoiselle — dit Rodin en souriant avec finesse — je suis très-sybarite, il me faut absolument un bon vêtement, un bon poêle, un bon matelas, un bon morceau de pain, un bon radis, bien piquant, assaisonné de bon sel gris, de bonne eau limpide; et pourtant malgré la complication de mes goûts, mes douze cents francs me suffisent et au delà, puisque je puis faire quelques économies.

— Et maintenant que vous voici sans emploi, comment allez-vous vivre, monsieur?— dit Adrienne, de plus en plus intéressée par la bizarrerie de cet homme, et pensant à mettre son désintéressement à l'épreuve.

— J'ai un petit boursicot; il me suffira pour rester ici jusqu'à ce que j'aie délié jusqu'au dernier fil la noire trame du P. d'Aigrigny; je me dois cette réparation pour avoir été sa dupe; trois ou quatre jours suffiront, je l'espère, à cette besogne. Après quoi, j'ai la certitude de trouver un modeste emploi dans ma province, chez un receveur particulier des contributions; il y a peu de temps déjà quelqu'un me voulant du bien m'avait fait faire cette offre; mais je n'avais pas voulu

quitter l'abbé d'Aigrigny, malgré les grands
avantages que l'on me proposait... Figurez-
vous donc huit cents francs, ma chère demoiselle, huit cents francs, nourri et logé....
Comme je suis un peu sauvage, j'aurais pré-
féré être logé à part;... mais vous sentez bien,
on me donne déjà tant... que je passerai par-
dessus ce petit inconvénient.

Il faut renoncer à peindre l'ingénuité de
Rodin en faisant ces petites confidences mé-
nagères, et surtout abominablement men-
songères, à mademoiselle de Cardoville, qui
sentit son dernier soupçon disparaître.

— Comment, monsieur — dit-elle au jésuite avec intérêt — dans trois ou quatre
jours vous aurez quitté Paris?

— Je l'espère bien, ma chère demoiselle,
et cela... — ajouta-t-il d'un ton mystérieux—
et cela pour plusieurs raisons;... mais ce qui
me serait bien précieux — reprit-il d'un ton
grave et pénétré en contemplant Adrienne
avec attendrissement — ce serait d'emporter
au moins avec moi cette conviction que vous
m'avez su quelquefois gré d'avoir; à la seule
lecture de votre entretien avec la princesse

de Saint-Dizier, deviné en vous une valeur peut-être sans pareille de nos jours, chez une jeune personne de votre âge et de votre condition...

— Ah! monsieur — dit Adrienne en souriant — ne vous croyez pas obligé de me rendre sitôt les louanges sincères que j'ai adressées à votre supériorité d'esprit... J'aimerais mieux de l'ingratitude.

— Eh! mon Dieu... je ne vous flatte pas, ma chère demoiselle; à quoi bon? Nous ne devons plus nous revoir... Non, je ne vous flatte pas... je vous comprends, voilà tout... et ce qui va vous sembler bizarre, c'est que votre aspect complète l'idée que je m'étais faite de vous, ma chère demoiselle, en lisant votre entretien avec votre tante; ainsi quelques côtés de votre caractère, jusqu'alors obscurs pour moi, sont maintenant vivement éclairés.

—En vérité, monsieur, vous m'étonnez de plus en plus...

—Que voulez-vous? je vous dis naïvement mes impressions; à cette heure, je m'explique parfaitement, par exemple, votre amour passionné du beau, votre culte religieux pour les sensualités raffinées, vos ardentes aspirations vers un monde meilleur, votre courageux mépris pour bien des usages dégradants, serviles, auxquels la femme est soumise; oui, maintenant, je comprends mieux encore le noble orgueil avec lequel vous contemplez ce flot d'hommes vains, suffisants, ridicules, pour qui la femme est une créature à eux dévolue, de par les lois qu'ils ont faites à leur image, qui n'est pas belle. Selon ces tyranneaux, la femme, espèce inférieure à laquelle un concile de cardinaux a daigné reconnaître une âme à deux voix de majorité, ne doit-elle pas s'estimer mille fois heureuse d'être la servante de ces petits pachas, vieux à trente ans, essoufflés, époufflés, blasés, qui, las de tous les excès, voulant se reposer dans leur épuisement, songent, comme on dit, à *faire une fin*, ce qu'ils entreprennent en épousant une pauvre jeune fille qui désire, elle, au contraire, *faire un commencement!*

Mademoiselle de Cardoville eût certainement souri aux traits satiriques de Rodin, si

elle n'eût pas été singulièrement frappée de
l'entendre s'exprimer dans des termes si ap-
propriés à ses idées à elle... lorsque pour la
première fois de sa vie elle voyait cet homme
dangereux.

Adrienne oubliait ou plutôt ignorait
qu'elle avait affaire à un jésuite d'une rare
intelligence, et que ceux-là unissent les con-
naissances et les ressources mystérieuses de
l'espion de police à la profonde sagacité du
confesseur; prêtres diaboliques, qui, au
moyen de quelques renseignements, de quelques aveux, de quelques lettres, reconstrui-
sent un caractère, comme Cuvier reconstrui-
sait un corps d'après quelques fragments
zoologiques.

Adrienne, loin d'interrompre Rodin, l'é-
coutait avec une curiosité croissante.

Sûr de l'effet qu'il produisait, celui-ci continua d'un ton indigné :

— Et votre tante et l'abbé d'Aigrigny vous
traitaient d'insensée parce que vous vous ré-
voltiez contre le joug futur de ces tyranneaux !
parce qu'en haine des vices honteux de l'es-
clavage, vous vouliez être indépendante avec

les loyales qualités de l'indépendance, libre
avec les fières vertus de la liberté.

— Mais, monsieur — dit Adrienne de plus
en plus surprise — comment mes pensées
peuvent-elles vous être aussi familières?

— D'abord, je vous connais parfaitement,
grâce à votre entretien avec madame de Saint-
Dizier ; et puis, si par hasard nous poursui-
vions tous deux le même but, quoique par
des moyens divers — reprit finement Rodin
en regardant mademoiselle de Cardoville
d'un air d'intelligence — pourquoi nos con-
victions ne seraient-elles pas les mêmes?

— Je ne vous comprends pas... monsieur...
De quel but voulez-vous donc parler?..

— Du but que tous les esprits élevés, généreux, indépendants poursuivent incessam-
ment.... les uns agissant comme vous, ma
chère demoiselle, par passion, par instinct,
sans se rendre compte peut-être de la haute
mission qu'ils sont appelés à remplir. Ainsi,
par exemple, lorsque vous vous complaisez
dans les délices les plus raffinées, lorsque vous
vous entourez de tout ce qui charme vos sens..
croyez-vous ne céder qu'à l'attrait du beau?

qu'à un besoin de jouissances exquises?.. Non, non, mille fois non... car alors vous ne seriez qu'une créature incomplète, odieusement personnelle, une sèche égoïste d'un goût très-recherché... rien de plus... et à votre âge, ce serait hideux, ma chère demoiselle, ce serait hideux.

— Monsieur, ce jugement si sévère... le portez-vous donc sur moi? — dit Adrienne avec inquiétude, tant cet homme lui imposait déjà malgré elle.

— Certes je le porterais sur vous, si vous aimiez le luxe pour le luxe; mais non, non, un sentiment tout autre vous anime — reprit le jésuite; — ainsi raisonnons un peu : éprouvant le besoin passionné de toutes ces jouissances, vous en sentez le prix ou le manque plus vivement que personne, n'est-il pas vrai?

— En effet, monsieur — dit Adrienne vivement intéressée.

— Votre reconnaissance et votre intérêt sont donc déjà forcément acquis à ceux-là qui, pauvres, laborieux, inconnus, vous procurent ces merveilles du luxe dont vous ne pouvez vous passer?

— Ce sentiment de gratitude est si vif chez
moi, monsieur — reprit Adrienne de plus en
plus ravie de se voir si bien comprise ou de-
vinée — qu'un jour je fis inscrire sur un chef-
d'œuvre d'orfévrerie, au lieu du nom de son
vendeur, le nom de son auteur, pauvre ar-
tiste jusqu'alors inconnu, et qui, depuis, a
conquis sa véritable place.

— Vous le voyez, je ne me trompais pas —
reprit Rodin — l'amour de ces jouissances
vous rend reconnaissante pour ceux qui vous
les procurent; et ce n'est pas tout : me voilà,
moi, par exemple, ni meilleur ni pire qu'un
autre, mais habitué à vivre de privations dont
je ne souffre pas le moins du monde. Eh bien!
les privations de mon prochain me touchent
nécessairement bien moins que vous, ma
chère demoiselle, car vos habitudes de bien-
être... vous rendent forcément plus compa-
tissante que toute autre pour l'infortune...
Vous souffririez trop de la misère pour ne pas
plaindre et secourir ceux qui en souffrent.

— Mon Dieu! monsieur — dit Adrienne,
qui commençait à se sentir sous le charme
funeste de Rodin — plus je vous entends, plus

je suis convaincue que vous défendez mille
fois mieux que moi ces idées, qui m'ont été si
durement reprochées par madame de Saint-
Dizier et par l'abbé d'Aigrigny. Oh! parlez...
parlez, monsieur... je ne puis vous dire avec
quel bonheur... avec quelle fierté je vous
écoute.

Et attentive, émue, les yeux attachés sur
le jésuite, avec autant d'intérêt que de sympathie et de curiosité, Adrienne, par un gra-
cieux mouvement de tête qui lui était familier,
rejeta en arrière les longues boucles de sa
chevelure dorée, comme pour mieux contempler Rodin, qui reprit:

— Et vous vous étonnez, ma chère demoiselle, de n'avoir été comprise ni par votre
tante, ni par l'abbé d'Aigrigny? Quel point de
contact aviez-vous avec ces esprits hypocrites,
jaloux, rusés, tels que je puis les juger maintenant? Voulez-vous une nouvelle preuve de
leur haineux aveuglement? parmi ce qu'ils
appelaient vos monstrueuses folies, quelle était
la plus scélérate, la plus damnable? c'était votre
résolution de vivre désormais seule et à votre
guise, de disposer librement de votre présent

et de votre avenir; ils trouvaient cela odieux, détestable, immoral. Et pourtant votre résolution était-elle dictée par un fol amour de liberté? non! Par une aversion désordonnée de tout joug, de toute contrainte? non! Par l'unique désir de vous singulariser? non! car alors, je vous aurais durement blâmée.

— D'autres raisons m'ont, en effet, guidée, monsieur, je vous l'assure — dit vivement Adrienne, devenant très-jalouse de l'estime que son caractère pourrait inspirer à Rodin.

— Eh! je le sais bien, vos motifs n'étaient et ne pouvaient être qu'excellents — reprit le jésuite. — Cette résolution si attaquée, pourquoi la prenez-vous? Est-ce pour braver les usages reçus? non! vous les avez respectés tant que la haine de madame de Saint-Dizier ne vous a pas forcée de vous soustraire à son impitoyable tutelle. Voulez-vous vivre seule pour échapper à la surveillance du monde? Non, vous serez cent fois plus en évidence dans cette vie exceptionnelle que dans toute autre condition! Voulez-vous enfin mal employer votre liberté? Non, mille fois non! pour faire le mal, on recherche l'ombre, l'isolement; posée, au contraire, comme vous le serez, tous les yeux jaloux et envieux du troupeau vulgaire seront constamment braqués sur vous... Pourquoi donc enfin prenez-vous cette détermination si courageuse, si rare, qu'elle en est unique chez une jeune personne de votre âge? Voulez-vous que je vous le dise, moi,... ma chère demoiselle? Eh bien! vous voulez prouver par votre exemple que toute femme au cœur pur, à l'esprit droit, au caractère ferme, à l'âme indépendante, peut noblement et fièrement sortir de la tutelle humiliante que l'usage lui impose! Oui, au lieu d'accepter une vie d'esclave en révolte, vie fatalement vouée à l'hypocrisie ou au vice, vous voulez, vous, vivre aux yeux de tous, indépendante, loyale et respectée... Vous voulez enfin avoir, comme l'homme, le libre arbitre, l'entière responsabilité de tous les actes de votre vie, afin de bien constater qu'une femme complétement livrée à elle-même peut égaler l'homme en raison, en sagesse, en droiture, et le surpasser en délicatesse et en dignité... Voilà votre dessein, ma chère demoiselle. Il est noble, il

est grand. Votre exemple sera-t-il imité? je
l'espère! Mais ne le serait-il pas, que votre
généreuse tentative vous placera toujours haut
et bien! croyez-moi...

Les yeux de mademoiselle de Cardoville
brillaient d'un fier et doux éclat, ses joues
étaient légèrement colorées, son sein palpitait,
elle redressait sa tête charmante par un mouvement d'orgueil involontaire; enfin, complétement sous le charme de cet homme dia-
bolique, elle s'écria :

— Mais, monsieur, qui êtes-vous donc
pour connaître, pour analyser ainsi mes plus
secrètes pensées, pour lire dans mon âme plus
clairement que je n'y lis moi-même, pour
donner une nouvelle vie, un nouvel élan à
ces idées d'indépendance qui depuis si long-
temps germent en moi? qui êtes-vous donc
enfin pour me relever si fort à mes propres
yeux, que maintenant j'ai la conscience d'accomplir une mission honorable pour moi, et
peut-être utile à celles de mes sœurs qui souffrent dans un dur servage?.. Encore une fois,
qui êtes vous, monsieur?

— Qui je suis, mademoiselle! — répondit

Rodin avec un sourire d'adorable bonhomie;
— je vous l'ai déjà dit, je suis un pauvre
vieux bonhomme qui, depuis quarante ans,
après avoir chaque jour servi de machine à
écrire les idées des autres, rentre chaque soir
dans son réduit, où il se permet alors d'élu-
cubrer ses idées à lui; un brave homme qui,
de son grenier, assiste et prend même un peu
de part au mouvement des esprits généreux
qui marchent vers un but plus prochain
peut-être qu'on ne le pense communément...
Aussi, ma chère demoiselle, je vous disais
tout à l'heure, vous et moi nous tendons aux
mêmes fins, vous sans y réfléchir et en con-
tinuant d'obéir à vos rares et divins instincts.
Aussi, croyez-moi, vivez, vivez toujours belle,
toujours libre, toujours heureuse! c'est votre
mission; elle est plus providentielle que
vous ne le pensez; oui, continuez à vous entourer de toutes les merveilles du luxe et des
arts; raffinez encore vos sens, épurez encore
vos goûts par le choix exquis de vos jouissances; dominez par l'esprit, par la grâce, par la
pureté, cet imbécile et laid troupeau d'hommes, qui, dès demain, vous voyant seule et

libre, va vous entourer; ils vous croiront une
proie facile, dévolue à leur cupidité, à leur
égoïsme, à leur sotte fatuité. Raillez, stigma-
tisez ces prétentions niaises et sordides;
soyez reine de ce monde et digne d'être respectée comme une reine... Aimez... brillez...
jouissez... c'est votre rôle ici-bas; n'en doutez
pas! toutes ces fleurs dont Dieu vous comble
à profusion porteront un jour des fruits excellents. Vous aurez cru vivre seulement
pour le plaisir... vous aurez vécu pour le
plus noble but où puisse prétendre une âme
grande et belle... Aussi, peut-être... dans
quelques années d'ici, nous nous rencontre-
rons encore : vous, de plus en plus belle et
fêtée... moi, de plus en plus vieux et obscur;
mais, il n'importe... une voix secrète vous dit
maintenant, j'en suis sûr, qu'entre nous
deux, si dissemblables, il existe un lien caché, une communion mystérieuse que désormais rien ne pourra détruire!

En prononçant ces derniers mots avec un
accent si profondément ému qu'Adrienne
en tressaillit, Rodin s'était rapproché d'elle,
sans qu'elle s'en aperçût, et, pour ainsi dire,

sans marcher, en traînant ses pas et en glis-
sant sur le parquet, par une sorte de lente
circonvolution de reptile ; il avait parlé avec
tant d'élan, tant de chaleur, que sa face bla-
farde s'était légèrement colorée, et que sa
repoussante laideur disparaissait presque devant le petillant éclat de ses petits yeux fau-
ves, alors bien ouverts, ronds et fixes, qu'il
attachait obstinément sur Adrienne ; celle-ci,
penchée, les lèvres entr'ouvertes, la respiration oppressée, ne pouvait non plus détacher
ses regards de ceux du jésuite ; il ne parlait
plus, et elle écoutait encore. Ce qu'éprouvait
cette belle jeune fille, si élégante, à l'aspect
de ce vieux petit homme, chétif, laid et sale,
était inexplicable. La comparaison si vulgaire, et pourtant si vraie, de l'effrayante fas-
cination du serpent sur l'oiseau, pourrait,
néanmoins, donner une idée de cette impression étrange.

La tactique de Rodin était habile et sûre.

Jusqu'alors mademoiselle de Cardoville
n'avait raisonné ni ses goûts ni ses instincts ;
elle s'y était livrée parce qu'ils étaient inoffen-
sifs et charmants. Combien donc devait-elle

être heureuse et fière d'entendre un homme doué d'un esprit supérieur, non-seulement la louer de ces tendances, dont elle avait été naguère si amèrement blâmée, mais l'en féliciter comme d'une chose grande, noble et divine.

Si Rodin se fût seulement adressé à l'amour-propre d'Adrienne, il eût échoué dans ses menées perfides, car elle n'avait pas la moindre vanité; mais il s'adressait à tout ce qu'il y avait d'exalté, de généreux dans le cœur de cette jeune fille; ce qu'il semblait encourager, admirer en elle, était réellement digne d'encouragement et d'admiration. Comment n'eût-elle pas été dupe de ce langage qui cachait de si ténébreux, de si funestes projets?

Frappée de la rare intelligence du jésuite, sentant sa curiosité vivement excitée par quelques mystérieuses paroles que celui-ci avait dites à dessein, ne s'expliquant pas l'action singulière que cet homme pernicieux exerçait déjà sur son esprit, ressentant une compassion respectueuse en songeant qu'un homme de cet âge, de cette intelligence, se trouvait dans la position la plus précaire, Adrienne lui dit avec sa cordialité naturelle :

— Un homme de votre mérite et de votre cœur, monsieur, ne doit pas être à la merci du caprice des circonstances ; quelques-unes de vos paroles ont ouvert à mes yeux des horizons nouveaux ; je sens que, sur beaucoup de points, vos conseils pourront m'être très-utiles à l'avenir ; enfin, en venant m'arracher de cette maison, en vous dévouant aux autres personnes de ma famille, vous m'avez donné des marques d'intérêt que je ne puis oublier sans ingratitude... Une position bien modeste, mais assurée, vous a été enlevée... permettez-moi de...

— Pas un mot de plus, ma chère demoiselle — dit Rodin en interrompant mademoiselle de Cardoville d'un air chagrin — je ressens pour vous une profonde sympathie ; je m'honore d'être en communauté d'idées avec vous ; je crois enfin fermement que quelque jour vous aurez à demander conseil au pauvre vieux philosophe : à cause de tout cela, je dois, je veux conserver envers vous la plus complète indépendance...

— Mais, monsieur, c'est au contraire moi
qui serais votre obligée, si vous vouliez accepter ce que je désirais tant vous offrir.

— Oh! ma chère demoiselle — dit Rodin
en souriant — je sais que votre générosité
saura toujours rendre la reconnaissance légère et douce; mais, encore une fois, je ne
puis rien accepter de vous... Un jour peut-
être... vous saurez pourquoi.

— Un jour?

— Il m'est impossible de vous en dire davantage. Et puis, supposez que je vous aie
quelque obligation, comment vous dire alors
tout ce qu'il y a en vous de bon et de beau?
Plus tard, si vous me devez beaucoup pour
mes conseils, tant mieux, je n'en serai que
plus à l'aise pour vous blâmer si je vous
trouve à blâmer.

— Mais alors, monsieur, la reconnaissance
envers vous m'est donc interdite?

— Non... non... — dit Rodin avec une
apparente émotion. — Oh! croyez-moi... il
viendra un moment solennel où vous pourrez
vous acquitter d'une manière digne de vous
et de moi.

Cet'entretien fut interrompu par la gardienne qui en entrant dit à Adrienne :

— Mademoiselle, il y a en bas une petite ouvrière bossue qui demande à vous parler ; comme, d'après les nouveaux ordres de M. le docteur, vous êtes libre de recevoir qui vous voulez... je viens vous demander s'il faut la laisser monter... Elle est si mal mise que je n'ai pas osé.

—Qu'elle monte—dit vivement Adrienne, qui reconnut la Mayeux au signalement donné par la gardienne — qu'elle monte...

— M. le docteur a aussi donné l'ordre de mettre sa voiture à la disposition de mademoiselle, faut-il faire atteler?

— Oui... dans un quart d'heure — répondit Adrienne à la gardienne, qui sortit ; puis, s'adressant à Rodin :

— Maintenant le magistrat ne peut tarder, je crois, à amener ici mesdemoiselles Simon ?

— Je ne le pense pas, ma chère demoiselle; mais quelle est cette jeune ouvrière bossue? — demanda Rodin d'un air indifférent.

— C'est la sœur adoptive d'un brave artisan qui a tout risqué pour venir m'arracher de cette maison... monsieur — dit Adrienne avec émotion. — Cette jeune ouvrière est une rare et excellente créature; jamais pensée plus élevée, jamais cœur plus généreux n'ont été cachés sous des dehors moins...

Mais s'arrêtant en pensant à Rodin qui lui semblait à peu près réunir les mêmes contrastes physiques et moraux que la Mayeux, Adrienne ajouta en regardant avec une grâce inimitable le jésuite assez étonné de cette soudaine réticence:

— Non... cette noble fille n'est pas la seule personne qui prouve combien la noblesse de l'âme, combien la supériorité de l'esprit fait prendre en indifférence de vains avantages dus seulement au hasard ou à la richesse.

Au moment où Adrienne prononçait ces dernières paroles, la Mayeux entra dans la chambre...

FIN DU CINQUIÈME VOLUME.

TABLE DES CHAPITRES.

AVIS.

Nous donnons aujourd'hui la fin du tome V, qui pourra être réunie à la partie qui en a déjà paru en supprimant le dernier feuillet de cette première partie, lequel contient une table partielle des matières remplacée à la fin de cette deuxième partie par une table générale du tome V.

Le tome VI paraîtra en un seul volume, ce qui rétablira la publication dans ses conditions ordinaires.

Cette fin du tome V est mise en vente à 2 fr. 50 c., ce qui complète, avec le prix de 5 fr. auquel a été cotée la première partie, le prix total du volume qui est de 7 fr. 50 c.

———

EUGÈNE SÜE

LE JUIF ERRANT

Illustré par Gavarni

GRAVURE PAR MM. BEST, LELOIR, HOTELIN ET REGNIER.

CONDITIONS DE LA SOUSCRIPTION.

Le JUIF ERRANT est publié en 80 livraisons à 50 c.

Chaque livraison de 16 pages grand in-8º est accompagnée, outre un grand nombre de dessins imprimés dans le texte, d'une grande gravure imprimée sur feuillet séparé.

L'ouvrage complet formera 4 volumes du prix de 10 fr. chacun.

Les premières Livraisons sont en vente.

En payant DIX FRANCS d'avance, on reçoit les livraisons *franco* à domicile, à Paris. — Chaque livraison, *par la poste*, coûte 60 centimes.

BIBLIOTHÈQUE DE POCHE,

Variétés curieuses des Sciences, des Arts, de l'Histoire et de la Littérature;

Par une Société de gens de lettres et d'érudits.

10 volumes in-18. Chaque volume contenant la matière de 2 volumes in-8º ordinaires.

Prix : 3 francs le volume.

1º Curiosités littéraires...	1 vol.
2º — bibliographiques...	1 vol.
3º — biographiques..	1 vol.
4º — historiques...	1 vol.
5º — des origines et inventions...........................	1 vol.
6º — des beaux-arts et de l'archéologie................	1 vol.
7º — militaires..	1 vol.
8º — des langues, des proverbes, etc....................	1 vol.
9º — des traditions, légendes, mœurs, usages, etc...........	1 vol.
10º — anecdotiques...	1 vol.
	10 vol.

En Vente :

CURIOSITÉS LITTÉRAIRES.

Les volumes suivants paraîtront de mois en mois.

— PARIS. IMPRIMÉ PAR BÉTHUNE ET PLON. —

www.ingramcontent.com/pod-product-compliance
Lightning Source LLC
Chambersburg PA
CBHW072025080426
42733CB00010B/1818